Peter Krause

Sieben Generationen

PETER KRAUSE

SIEBEN GENERATIONEN

EINE ALTE INDIGENE WEISHEIT FÜR DIE WELT VON HEUTE UND MORGEN

Bücher haben feste Preise.
1. Auflage 2022

Peter Krause
Sieben Generationen

Umschlag:
Gestaltung: Dragon Design, GB
(Gewebetextur von Charcompix/shutterstock.com)

Satz und Gestaltung:
Dragon Design, GB
Gesetzt aus der Palatino

Gesamtherstellung: Appel & Klinger, Schneckenlohe
Printed in Germany

ISBN 978-3-89060-817-4

Neue Erde GmbH
Cecilienstr. 29 · 66111 Saarbrücken
Deutschland · Planet Erde
www.neue-erde.de

Wenn die gesunde Natur des Menschen als ein
Ganzes wirkt, wenn er sich in der Welt
als in einem großen, schönen, würdigen und
werten Ganzen fühlt, wenn das harmonische
Behagen ihm ein reines, freies Entzücken
gewährt – dann würde das Weltall,
wenn es sich selbst empfinden könnte, als an sein
Ziel gelangt aufjauchzen
und den Gipfel des eigenen Werdens und
Wesens bewundern.

Johann Wolfgang von Goethe

Inhalt

TEIL III: PRAKTISCHE ASPEKTE

EINLEITUNG

Einige meiner stärksten Kindheits- und Jugenderinnerungen beziehen sich auf Erfahrungen in der Natur. Ich wuchs in Schleswig-Holstein auf und hatte nur kurze Wege ans Meer, in den Wald oder zu den Äckern und Wiesen der Bauern. Ich spürte den warmen Sommerregen, aber auch den scharfen, kalten Seewind, träumte in zahllose Sonnenaufgänge und sternenklare Mondnächte hinein, genoss es, als Jugendlicher in einsamen Wäldern allein zu sein oder auf ausgedehnten Wanderungen zwischen der Küste und dem Binnenland in die Schönheit der Welt einzutauchen. Die Bedeutung der für das ganze spätere Leben prägenden Unbefangenheit und Sorglosigkeit, in der ich all das hinnahm, war mir damals als solche noch nicht bewusst. Ich kannte es ja nicht anders.

In der Schule hörten wir in den 1970er Jahren als Jugendliche dann davon, dass eine gesunde, in sich ausgewogene Natur keineswegs selbstverständlich, sondern sogar sehr gefährdet sei, aber konkrete Erlebnisse von gravierenden Zerstörungen und Vergiftungen der Lebensräume hatten wir in unserem direkten Umkreis noch nicht. Dennoch nahm ich an den Protesten gegen die Atomkraft teil, begann mich für Umweltschutz zu interessieren, gehörte aber damit lediglich zu einer Minderheit, die meistens eher belächelt als ernst genommen wurde. Ökologie war damals noch ein Nischenthema, mit dem man sich nur dann beschäftigte, wenn man es selbst ausdrücklich so wollte. Das hat sich mittlerweile vollkommen geändert.

Heutzutage kann niemand mehr die ökologische Problemlage übersehen, in der sich die ganze Welt befindet. Die entsprechenden Informationen sind allgegenwärtig. So verwundert es nicht, wenn sich mittlerweile Kinder und Jugendliche weltweit in einer nicht mehr zu übersehenden Bewegung für den Erhalt ihrer Mitwelt engagieren, denn sie können nicht mehr anders. Auch unter den Erwachsenen ist man sich – von wenigen Ausnahmen abgesehen – der Brisanz der Lage prinzipiell bewusst.

Diese grundsätzlichen Veränderungen, zu denen es in den vergangenen vier bis fünf Jahrzehnten gekommen ist, stehen für einen dringend nötigen Bewusstseinswandel. Zwar kommt er, beruhend auf den Folgen unseres Verhaltens und der allgemeinen Lebensart, von außen, erstreckt sich aber zugleich auch auf das Innere des Menschen, insofern es um neue Sichtweisen und Werte geht. Im Unterschied zu vergangenen Zeiten beruht die Teilhabe an diesem Wandel nicht mehr auf der ausdrücklichen eigenen Entscheidung. Vielmehr ist es so, dass sich ihm kein vernünftiger Mensch mehr entziehen kann.

In diesem Kontext hatte ich vor ein paar Jahren ein bemerkenswertes Erlebnis. Man hatte mich gebeten, zu einem Buch ein Kapitel über die ökologische Sichtweise der kanadischen First Nations beizusteuern. So begegnete ich in einem Kulturzentrum der Mi'kmaq in Millbrook (Nova Scotia) Heather Stevens und Jeff Wilmot, die mir wunderbare Einblicke in ihre Kultur ermöglichten. Es war spannend von Heather zu erfahren, wie sehr sich ihr Leben und ihr Weltbild durch ihre Tätigkeit im Kulturzentrum verändert haben. Sie sagte unter anderem:

»Durch die Arbeit in dieser Umgebung, durch diese Aufgabe lerne ich nun auch über mich selbst sehr viel. Ich verstehe, was ich in dieser Welt tue. […] Allem, was ich tue, bringe ich Respekt entgegen. Die meisten der Mi›kmaq, ich kann natürlich nicht für alle sprechen, bringen der Welt, der Mutter Natur großen Respekt entgegen. Wenn ich anderen davon erzähle, spreche ich davon, was Mutter Natur mir gibt.«

Und ihr Kollege Jeff Wilmot fügte hinzu:

»Wir Mi›kmaq sehen sieben Generationen voraus. Wir können doch nicht das Wasser der Kinder unserer Kinder vergiften! Es geht uns in unserem Leben und Handeln nicht zuerst ums Geld, sondern um die Welt. Wir wollen sicherstellen, dass der Platz zum Leben auch in Zukunft erhalten bleibt.«[1]

Diese Bemerkung zu den sieben Generationen ließ mich seitdem nicht mehr los. Ich entdeckte, dass diese Idee, Verantwortung für die eigenen Taten vor dem Hintergrund von sieben Generationen zu entwickeln, in den indigenen Kulturen Nordamerikas eine zentrale Rolle spielt. Das fand auch Eingang in das »Gesetz des großen Friedens«, das Mitte des 12. Jahrhunderts als weltweit erste demokratische Verfassung einer Konföderation von fünf (später sechs) indigenen Stämmen zugrunde gelegt wurde. Schließlich nahm ich mir vor, mich mit der Bedeutung des ganzen genauer zu beschäftigen. Ein erstes Ergebnis dieser Beschäftigung ist dieses Buch!

Herdecke, Juli 2021
Peter Krause

TEIL I: VORZEICHEN

Die Generationen-Topographie

Kein Mensch wird ohne Verwandtschaft geboren. Seine Biographie beginnt und ereignet sich immer im Kontext vorangegangener und folgender Generationen. Aus diesen Rahmenbedingungen ergeben sich wechselseitige Einflüsse, in denen jedes individuelle Leben eines Menschen erscheint. Wir wissen heutzutage nur zu gut: Was früher bewirkt, was gewonnen oder verloren wurde, wirkt ins Jetzt hinein fort, und was heute gedacht und getan wird, bereitet den Boden für Künftiges. Darum liegt es nahe, das zur Verfügung stehende Wissen über die Lebensweisen, Erfahrungen und Weisheiten vorangegangener Generationen zu beachten. Dies gilt besonders dann, wenn es darum geht, wichtige Entscheidungen zu treffen, deren Wirkungen immer auch künftige Generationen erreichen werden.

Was im Leben der Menschen war, ist und sein wird, die Motive für das Handeln und all seine Wirkungen ergeben im übertragenen Sinne eine eigene, sehr persönliche Mitwelt. Bildhaft gesprochen finden sich darin Landschaften mit wirtlichen und unwirtlichen Zonen, es gibt Höhen und Tiefen, Quellgründe, fruchtbare Böden und Wüsten. Werden und Vergehen ereignen sich, ob erwartet erfreulich oder überraschend erschütternd. Zuweilen stürmt es, dann wieder nimmt sich das Leben sanft und freundlich aus.

Der Lauf der Zeit und das Leben der Menschen könnten so gesehen, ebenso wie die vielen verschiedenen Gegenden der äußeren Welt, im übertragenen Sinne kartographiert werden. So ergäbe sich für unser

Bewusstsein eine Topographie (von griechisch τόπος, *tópos* (»Ort«) und γράφειν, *gráfeïn* (»zeichnen, [be-]schreiben«), in der jeder Mensch zu jeder Zeit seinen Ort finden und bestimmen kann.

Dementsprechend ereignet sich sein irdisches Leben in einem besonderen, zeitlich begrenzten Rahmen, der die Jahre von seiner Geburt bis zum Tod umfasst. In diesem Zeitabschnitt wird die Biographie eines jeden Menschen durch die Ereignisse seines Lebens beeinflusst. Ebenso gehen von jedem Menschen mehr oder weniger starke Einflüsse aus, die auf das große Ganze zurückwirken. Diese Wechselwirkung zwischen den kulturell prägenden Bedingungen des äußeren Lebens und der selbstbestimmten Lebensführung verbindet jeden Menschen mit allen anderen Menschen seiner Zeit. Das kann in besagter Generationen-Topographie erfasst und im Bewusstsein eines Menschen zum Bild werden. Ein solches »Bildschaffen« im Blick auf die vorangegangenen und folgenden Generationen liefert gemäß der spirituellen Weisheit der indigenen Völker Nordamerikas die beste Basis für verantwortliches Entscheiden und Handeln.

Gemeinschaft und Gemeinsamkeit

Über die Herkunft des Menschen finden sich in verschiedenen Mythologien und Religionen aller Zeiten und Kulturen Vorstellungen, die von einem Ur-Elternpaar bis zu dem einen, unverwechselbar einzigartigen Menschen der Jetztzeit reichen. Dabei kam der konkreten Abstammung eines jeden Menschen von einer Mutter und einem Vater eine unterschiedliche, in früheren Zeiten eher untergeordnete Bedeutung zu. Eine Kernfamilie, also die Gemeinschaft von Mutter, Vater und Kind(ern), war lange nicht so wichtig wie heute. Erst mit der Entwicklung des Bürgertums und den mit der Industrialisierung einhergehenden Veränderungen der Gesellschaft wurde der Familienbegriff eng mit Vorstellungen der konkreten Abstammungsbeziehungen im biologischen Sinne verbunden. Vor diesem Hintergrund formten sich schließlich jene kleinen, eng zusammenlebenden Menschengemeinschaften, die wir heutzutage in großen Teilen der Welt als »Familien« bezeichnen. Gegenwärtig spricht manches dafür, dass sich dieses bürgerliche Familienbild wieder auflösen könnte, um einem Verständnis von Herkunft und Einbindung in generationenweite Beziehungen Raum zu geben, die über die bloße biologische Abstammung hinausreichen. In gewisser Weise würden wir uns damit wieder dem nähern, was in früheren Zeiten noch galt.

Vor Jahrhunderten und Jahrtausenden erlebten die Menschen das soziale Geflecht ihrer Zugehörigkeit zu einer bestimmten Menschengemeinschaft nämlich noch viel weitergefasst als wir Heutigen. Wichtiger als die Familie im Sinne der biologischen Herkunft war der Stammeszusammenhang. Die Bedeutung vorangegangener und folgender Generationen ergab sich darum nicht bloß aus der Erfahrung der eigenen Identität zwischen Großeltern und Eltern auf der einen Seite sowie Kindern und Kindeskindern auf der anderen. Dieses Wissen um die eigene Herkunft und Abstammung diente eher als Schlüssel zum Verständnis von viel weiter reichenden Verbindungen mit den Entwicklungs- und Einflusssphären einer Person. Auch die Weitergabe des Lebens aus dem Zusammenkommen zweier Menschen wurde mythologisch lediglich als kleinste Etappe auf dem Weg des Gegenwärtigwerdens des Menschen in einer großen, gottgewollten Weltentstehung verstanden: Jeder einzelne Mensch galt als Vervielfältigung des einen, ersten Menschen, in dem Gott selbst einst ebenbildlich erschien.

Das Geborenwerden, Leben und Sterben der vielen Menschen nahm sich aus wie der Strom einer unablässigen Menschwerdung, die sich seit Jahrtausenden ereignet. Von Generationen begann man zu sprechen, indem man einerseits das gegenwärtige Leben von Menschen bewusst von dem der Vorangegangenen und Folgenden unterschied, und andererseits auch, um den Zusammenhang mit kulturellen Besonderheiten, Verdiensten und Verlusten enger zu fassen. Damit trat zum teleologischen Verständnis der gottgewollten Schöpfung und dem kausal verstandenen Aspekt der biologischen Abstammung noch ein Drittes hinzu, nämlich dass man nun auch das Verhältnis des Menschen zu den Folgen seines Handelns in der Welt generationenweit zu verstehen begann. Das wurde religiös verdichtet und führte zu Vorstellungen einer kollektiven, über eine bestimmte Zahl von Generationen reichenden Verantwortung[2] bis zur Darstellung besonderer Stammbäume,[3] aus denen Königinnen und Könige, ja sogar der Sohn Gottes selbst hervorgegangen sind.

Der Theologe und Philosoph Wilhelm Dilthey beschäftigte sich Ende des 19. Jahrhunderts damit, dass sich das Charakteristische des menschlichen Lebens nicht nur naturgesetzlich erklären lässt, sondern dass dafür ebenso die besonderen Bedingungen des geistigen Lebens und der Biographik berücksichtigt werden müssen. In diesem »Lebenszusammenhang« haben, so Dilthey, auch alle verschiedenen Systeme der Metaphysik ihren Ursprung. Generationen verstand er darum als »einen Kreis von Individuen, welche durch Abhängigkeit von denselben großen Tatsachen und Veränderungen, wie sie im Zeitalter der Empfänglichkeit auftraten, trotz der Verschiedenheit hinzutretender anderer Faktoren zu einem homogenen Ganzen verbunden sind.«[4]

Dass es sich bei den in einem bestimmten Zeitabschnitt lebenden Menschen um eine Gemeinschaft handelt, die bestimmte Erfahrungen miteinander teilt, steht außer Frage. Aber gibt es auch Handlungsmaximen, Vorlieben und Charakteristika, die einer Generation essenziell zu eigen sind, noch bevor gemeinsame Erfahrungen existenziell prägend gewirkt haben?

Der Beantwortung dieser Frage wollen wir nähertreten, indem wir zwischen dem Allgemeinmenschlichen und dem Individuellen eine Ebene des kollektiven Bewusstseins annehmen, die für das Verbundensein von Menschen einer Generation maßgeblich ist. Sie erschöpft sich nicht im Sinne der biologischen Abstammung, denn es geht in ihr um Ideale, Vorstellungen und Werte, die potentiell allen Menschen gemeinsam sind, auch wenn für sie keine direkte Verwandtschaft besteht. Es geht um die Präsenz und Wirkung eines besonderen, unverwechselbaren Kolorits, das in einem begrenzten Zeitraum für das Erleben, Entscheiden und Handeln von Menschen kennzeichnend ist. Nennen wir es die *Lebenskraft einer Generation*.

Zugehörigkeit

Jeder Mensch, der heutzutage um eine bewusste Lebensführung bemüht ist, kann sich auf das Erbe vorangegangener Generationen und die eigene Verantwortung für die Menschen der Zukunft besinnen. In diesem Interesse werden die Vergangenheit und die Zukunft im Jetzt miteinander verbunden. Und es entspricht einer Facette der allgemeinen gesellschaftlich-kulturellen Entwicklung, dass sich für die Pflege von Erbe und Verantwortung sogar besondere Bewegungen formiert und Gemeinschaften gebildet haben, die generationenübergreifend bestehen. Beispiele dafür sind religiöse Gemeinschaften, Zünfte und Gilden, politische Parteien, aber auch die Institutionen des Bildungswesens, in denen Wissen und Weisheit bewahrt und weitergegeben werden. Von ihnen ausgehend wurde schon immer der allgemeine Gang der Entwicklung im Sinne einer kulturellen Hegemonie beeinflusst. Auch von den Bauhütten des Mittelalters oder den studentischen Bewegungen der 1960er-Jahre beispielsweise, die beide für temporär wirksame Impulse stehen, gingen merklich Einflüsse auf die allgemeine Lebensart aus. Kulturelle Hegemonie erscheint im sozialen Leben jedenfalls als wichtige, Entwicklung treibende Kraft. Zugleich führt sie über das Selbsterleben eines einzelnen Menschen hinaus zu einer Erfahrung der größeren Zusammenhänge von Generation und Generationalität.[5]

Aber nicht nur in von Menschen geschaffenen sozialen Gemeinschaften leben das Erbe, die Gegenwart und die Zukunft von Generationen, sondern auch im kollektiven Bewusstsein. Für jede Generation lassen sich ja unschwer verbindende Erfahrungen und spezifische Impulse ausmachen. Zweifellos kann gesagt werden, dass die Gemeinsamkeiten einer Generation durch die individuellen Erfahrungen gespeist werden, die in einem ganz bestimmten historischen Kontext gemacht werden. Auch die Traditionen erworbenen Wissens und die damit zusammenhängende Kultur sind nicht zu übersehen. Gleichwohl stellt sich die Frage, inwieweit sich für einen einzelnen Menschen aus der Zugehörigkeit zu einer bestimmten Generation per se Wirkungen ergeben, die ihn für das Leben in seiner Zeit besonders prädestinieren – und zwar eben auch dann, wenn er außerhalb seiner Familie keiner besonderen, der Pflege von Traditionen verpflichteten Gemeinschaft angehört.

Neben den natürlichen Vorgaben der menschlichen Entwicklung (ein kleines Kind will, weil es seiner menschlichen Natur entspricht, aus eigenem Antrieb gehen, sprechen und denken lernen) und den historisch wirksamen Wendeereignissen (beispielsweise begann Anfang des 19. Jahrhunderts durch die damals bestehende Holznot und den aufkommenden amerikanischen Naturschutz die Entwicklung eines neuen Bewusstseins für den Schutz der Lebenswelt) gibt es eine Ebene des kollektiven Bewusstseins, aus dem heraus – vermeintlich unvermittelt – bislang geltende Paradigmen infrage gestellt und durch neue ersetzt werden. Ein gutes Beispiel dafür ist, dass sich zu Beginn des 21. Jahrhunderts mit »Fridays for Future« eine globale Bewegung formierte, die anstelle der rücksichtslosen Ausbeutung der natürlichen Ressourcen einen ökologisch-nachhaltigen Umgang mit der Erde fordert. Bezüglich der Zugehörigkeit zu einer bestimmten Generation und der Teilhabe an einem charakteristisch beinhalteten, kollektiven Bewusstsein ist jeder Mensch offensichtlich tatsächlich nicht nur Nachfahre seiner Eltern, sondern zugleich auch ein »Kind seiner Zeit«.

Betrachtet man die Entwicklung des Menschen innerhalb der Evolution der Welt der Lebewesen, fällt auf, dass die Tiere und Pflanzen der heutigen Zeit denen des Mittelalters immer noch sehr ähnlich geblieben sind. Ihre Wandlungen ereignen sich lediglich im Werden und Vergehen der äußeren Erscheinung als eine Fortsetzung der vorangegangenen.

Gerade abgesehen von seinen äußerlichen Merkmalen, wurde der Mensch im Laufe der Jahrhunderte zu einem ganz anderen. Für den Menschen kommen die selbstgeschaffene Lebenswelt sowie die Wandlung und Entwicklung einer »inneren« seelisch-geistigen Natur hinzu, durch die eine andere, typisch menschliche Teilhabe am Leben möglich ist.

Um solche Wandlungen und Entwicklungen des Menschen anschaulich zu machen, hat man sich schon immer Analogien bedient, die der Biologie entlehnt und auf mehrere Generationen bezogen sind. Man spricht von den »Wurzeln« einer Kultur oder Familie, von »Stammbäumen«, »Verzweigungen« in Generationen, von »Saaten« der Weisheit usw. Im Sinne einer goetheanistischen Betrachtung, auf die wir später noch besonders eingehen werden, sind solche Analogien tatsächlich sehr hilfreich, denn mit ihnen lässt sich ausdrücken, was für das Erkenntnisbemühen bezüglich der Ebene des generationenweiten kollektiven Bewusstseins besonders zu beachten ist. Der Biologe Jochen Bockemühl schreibt dazu:

»Es ist deutlich, dass es hier nicht mehr um rein sinnliche Wahrnehmungen geht. Die Aufmerksamkeit wird gelenkt auf Vorgänge, die sich zwischen der sinnlichen Wahrnehmung und dem seelischen Erleben abspielen. Es ist auch deutlich, dass dieser Vorgang nur selten richtig bewusst wird. Wie im Traum tauchen die einzelnen Erscheinungen nacheinander auf und schließen sich zusammen. Ehe man sich richtig versieht, ist dann der Vorgang schon als erstarrtes Bild einer abgelaufenen Bewegung im Bewusstsein festgehalten. Offenbar wird hier eine Fähigkeit gebraucht, in der das innere Erleben nicht der Wahrnehmung gegenübersteht, sondern sich gerade mit ihr tätig verbindet. Das schon fest Gewordene kommt in Bewegung, um meistens gleich wieder im Bewusstsein zu erstarren. Während der Bewegung verlieren Außen und Innen ihre Grenzen. Hier sind wir aufmerksam auf eine Betrachtungsweise, die wir zwar fortwährend handhaben, aber doch meistens verträumen. Sie führt uns nicht nur an die Oberfläche der Dinge, sondern eint uns mit ihren Prozessen.«[6]

Wenn man sich dieser Art der Betrachtung bedient, um sich verschiedener Generationen bewusst zu werden, liefert das eine Möglichkeit, einer spirituellen Tradition der nordamerikanischen Ureinwohner näherzutreten.

Das Sieben-Generationen-Gewahrsein

In den indigenen Kulturen Nordamerikas wird bis auf den heutigen Tag tradiert, dass man sich vor jeder wichtigen Entscheidung sieben Generationen bewusst werden solle. Es wird das einerseits im Sinne der Verehrung der Ahnen auf sieben vorangegangene Generationen bezogen, andererseits auf die kommenden, noch ungeborenen. Diese weise Praxis der mentalen Verbindung mit sieben Generationen ist seit Jahrhunderten Teil der spirituellen Tradition.

Wenn es heutzutage um die Herkunft des »Sieben-Generationen-Gewahrseins« geht, ist immer wieder von einem »Confederation Act« die Rede, der vermutlich im 12. Jahrhundert der christlichen Zeitrechnung unter den »Haudenosaunee« (»Leute des Langhauses«) zustandekam. Es ging damals darum, die Grundlagen für das friedliche Zusammenwirken von fünf, später sechs verschiedenen Stämmen des Volks – namentlich den Mohawk, Oneida, Onondaga, Cayuga und Seneca, und später den Tuscarora – zu vereinbaren. So entstand in 117 Artikeln eine Verfassung, die damals in Zeichenschrift niedergelegt und Jahrhunderte später in englische Schriftsprache übertragen wurde.

In dieser Verfassung ist von den Gesandten der Völker, den »Hütern« (»Lords of the Confederacy of the Five Nations«), die Rede, deren Aufgabe darin besteht, als »Mentoren« die gemeinsamen Interessen der konföderierten Völker zu verwalten und zu vertreten. Dazu sollen sie in der Stimmung innerer Gelassenheit aus einer weisen Überschau raten und entscheiden. Interessant ist, dass im 24. Artikel der Verfassung, dem »Gesetz des großen Friedens«, nicht nur davon die Rede ist, sondern auch von den Bedingungen, die jener gewünschten inneren Haltung zugrunde liegen:

»Die Hüter der Konföderation der fünf Nationen sollen für alle Zeiten Mentoren des Volkes sein. Die Dicke ihrer Haut soll sieben Spannweiten haben – das heißt, sie sollen gegen Ärger, beleidigende Handlungen und Kritik geschützt sein. Ihre Herzen sollen voller Frieden und guten Willens sein und ihre Gedanken gefüllt mit einer Sehnsucht nach dem Wohl der Menschen der Konföderation. Mit endloser Geduld sollen sie ihrer Pflicht nachkommen und ihre Festigkeit soll für ihre Leute mit Zärtlichkeit gemildert werden. Weder Ärger noch Wut werden eine Unterkunft in ihrem Verstand finden und alle ihre Worte und Handlungen sollen durch ruhige Überlegung gekennzeichnet sein.«[7] Anhand dieser einzigen schriftlichen Quelle wird davon ausgegangen, dass aus der uralten spirituellen Pflege der Verbundenheit mit sieben Generationen jene Analogie der sieben Spannweiten dicken Haut hervorging, von der im Gesetz des großen Friedens die Rede ist.

Vor allem gilt es zu beachten, dass die indigenen Völker vor Jahrhunderten noch keine Schrift im heutigen Sinne, sondern nur eine Erinnerung stützende Zeichenschrift kannten. Die wichtigsten spirituellen Weisheiten wurden (und werden) ohnehin nur mündlich überliefert. Das Sieben-Generationen-Gewahrsein so verinnerlicht zu haben, dass es zu einem Merkmal des Charakters einer Person geworden ist, galt als Ausdruck einer besonderen Reife. Zur rituellen Einsetzung der Hüter in ihr Amt heißt es darum im 28. Kapitel der Verfassung:

»Wir krönen dich jetzt mit dem heiligen Emblem des Hirschgeweihs, dem Emblem deiner Hüterschaft. Du wirst jetzt ein Mentor des Volkes der fünf Nationen sein. Die Dicke deiner Haut soll sieben Spannweiten betragen – das heißt, du wirst ein Beweis gegen Wut, beleidigende Handlungen und Kritik sein. Dein Herz wird erfüllt sein von Frieden und gutem Willen, und dein Verstand wird erfüllt sein von einer Sehnsucht nach dem Wohlergehen der Menschen der Konföderation. Mit endloser Geduld wirst du deine Pflicht erfüllen und deine Festigkeit wird mit Zärtlichkeit für dein Volk gemildert sein. Weder Ärger noch Wut werden in deinen Geist Einzug halten, und alle deine Worte und Handlungen werden von ruhigen Überlegungen geprägt sein. [...] Bei all deinen Überlegungen im Konföderierten Rat, bei deinen Bemühungen um Gesetzgebung, bei all deinen Amtshandlungen wird das Eigeninteresse in Vergessenheit geraten. Wirf die Warnungen der Neffen und Nichten nicht über deine Schulter, falls sie dich wegen eines Fehlers oder Unrechts tadeln, sondern kehre zum Weg des Großen Gesetzes zurück, das gerecht und richtig ist. Schaue und höre auf das Wohlergehen des ganzen Volkes und hab immer nicht nur die Gegenwart, sondern auch die kommenden Generationen im Blick, auch diejenigen, deren Gesichter sich noch unter der Oberfläche des Bodens befinden – das Ungeborene der zukünftigen Nation.«[8]

Das Netz des Lebens

In den spirituellen Weisheiten der Haudenosaunee ist von einer Kraft, der »Orenda«, die Rede, die alle Lebewesen miteinander verbindet und für ein ausgewogenes Gleichgewicht zwischen ihnen sorgt. Damit sind Lebenskräfte gemeint, von denen aus auch die Konstellation verschiedener Generationen verstanden werden kann. Was wir als Generationen-Topographie bezeichnet haben, ist also nicht im sinnlich-gegenständlichen Sinne zu verstehen. Dennoch ist es möglich, sich von der Gestalt und Beschaffenheit dieser Welt des kollektiven Bewusstseins hilfreiche Vorstellungen zu bilden, jedenfalls dann, wenn ihr mit der entsprechenden Aufmerksamkeit begegnet wird. Genau das scheint meiner Auffassung nach mit dem Sieben-Generationen-Gewahrsein gemeint zu sein, das dazu auffordert, sich vor jeder wichtigen Entscheidung vor eben diesem Hintergrund diesem Aspekt der Orenda bewusstzuwerden. Bevor wir auf einige Besonderheiten und die spirituellen Aspekte der mit dem Sieben-Generationen-Gewahrsein verbundenen Bewusstwerdung später noch genauer zu sprechen kommen, soll nun zunächst allgemein davon die Rede sein, wie man sich dieser Welt der Lebenskräfte gedanklich nähern und in welchem Licht die Rolle des Menschen unter so einer Voraussetzung verstanden werden kann. Dafür kann der Blick auf ein besonderes Kapitel der europäischen Geistesgeschichte hilfreich sein.

Das Ganze wirkt im Teil

Aus heutiger Sicht entwickelte sich vom Beginn des 19. Jahrhunderts an – also vor sieben Generationen – eine bedeutsame Naturwissenschaft, die, von einem mechanistischen Weltbild getragen, zuerst an einer analysierenden Erforschung von Details interessiert war. Jedoch wurde davor noch eine Methode zur Weltbetrachtung und -erforschung vertreten, die vor allem durch ein holistisches Verständnis geprägt war. Als ein bedeutender Vertreter dieser Richtung gilt Alexander von Humboldt. Für ihn waren alle Wesen und Erscheinungen der Natur miteinander in einem »Netz des Lebens« verknüpft, woraus sich für ihn zugleich eine Dimension ökologischer Verantwortung erschloss, zu der die Historikerin Andrea Wulf treffend schreibt: »Betrachtet man die Natur nun als Netz, wird offensichtlich, welchen Gefahren sie ausgesetzt ist. Alles hängt mit allem zusammen. Wenn ein Faden gezogen wird, kann sich das ganze Gewebe auflösen.«[9]

Sein Verständnis vom Zusammenhang eines natürlichen Ganzen mit allen Teilen hat Humboldt auf die verschiedensten Naturreiche ebenso angewendet wie auf die gesamte Erde als Lebensraum. Aufgrund seiner Exkursionen am Chimborazo, dem höchsten Berg in Ecuador, erkannte er beispielsweise die Gesetzmäßigkeit in der Gliederung und Abfolge der Vegetationszonen der Erde, insofern er feststellte, dass deren Abfolge vom Tal zum Gipfel jener vom Äquator zum Nordpol entspricht. Ein Aspekt des Ganzen (Lebensorganismus Erde) erscheint im Teil (Berg). Humboldt fertigte damals aufgrund seiner Beobachtungen eine übersichtliche Zeichnung an und fügte sie seinen Ausführungen »Ideen zu einer Geographie der Pflanzen« hinzu.[10] In diesem Buch entwickelte er seine Ideen von der Natur als einem ganzheitlichen Zusammenwirken verschiedener Lebenswelten. Insofern lässt sich tatsächlich sagen, dass er das erste ökologische Buch der Welt geschrieben hatte.[11]

»Wenn alles mit allem zusammenhing, war es wichtig, bei der Untersuchung von Unterschieden und Ähnlichkeiten nie das Ganze aus den Augen zu verlieren. Der Vergleich – und nicht abstrakte

Mathematik oder Zahlen – wurde Humboldts wichtigstes Werkzeug zum Verständnis der Natur.«[12]

Dieses Prinzip verfolgte auch Johann Wolfgang von Goethe am Ende des 18. Jahrhunderts im Zusammenhang seiner botanischen Studien, aufgrund derer er schließlich gar von einer »Urpflanze« sprach. Mit diesem bemerkenswerten Begriff bezeichnete er ein geistiges Urbild aller Blütenpflanzen, das jeder nur möglichen Form der im Physischen erscheinenden Pflanzen zugrunde liegt. Goethe betrachtete die Welt dafür ebenfalls holistisch, also vom Ganzen zum Teil fortschreitend, und nicht additiv von den einzelnen Pflanzen aus hin zu einer vereinheitlichten Systematik, wie Carl von Linné es einige Jahrzehnte vorher getan hatte.

Zur Idee einer Urpflanze war Goethe gelangt, als er während seiner Italienreise die Gärten von Palermo besuchte. Damals ging er aufgrund des Eindrucks der vielen verschiedenen Pflanzen schließlich von jenem Postulat einer Urpflanze aus, deren Existenz es dem Menschen auch erst ermöglicht, eine Pflanze als eine solche erkennen zu können. Diese Konzeption einer Urpflanze als geistiges Urbild alles Pflanzlichen, also nicht etwa die eine, ursprüngliche, physisch gegenwärtige Pflanze, von der alle anderen sich ableiten ließen, verdeutlichte er 1798 in seinem Hauptwerk zur Botanik »Metamorphose der Pflanzen«. Dort beschrieb er die Metamorphose der Pflanzen derart, dass eine »geheime Verwandtschaft der verschiedenen äußern Pflanzenteile« mit einem gemeinsamen, allen differenzierten Erscheinungen zugrunde liegenden Prinzip hervortritt.[13] Schließlich prägte Goethe den Begriff »Morphologie« (aus altgriechisch μορφή, *morphé*, »Gestalt«, »Form«, und λόγος, *lógos* »Lehre«) und gab überdies den Anstoß zur Entstehung des so bezeichneten Teilbereichs der Biologie.

Goethes These beruht auf einem Erleben der Natur, das sich ebenso auf Tiere und Menschen wie auf die anorganische Natur erstrecken kann. Grundsätzlich geht es dabei darum, aufgrund äußerer Merkmale einer Gestalt von einer Erfahrung des *Seins* zum Erleben des *Werdens* überzugehen. Tatsachen der Entwicklung werden darin als Gemeinsamkeiten sichtbar, von denen aus Lebewesen sich in den verschiedensten Gestalten ausformen. In seiner Einleitung zu den naturwissenschaftlichen Schriften Goethes schrieb Rudolf Steiner dazu:

»Das Bedeutsame der Pflanzenmetamorphose liegt z. B. nicht in der Entdeckung der einzelnen Tatsache, dass Blatt, Kelch, Krone usw. identische Organe seien, sondern in dem großartigen gedanklichen Aufbau eines lebendigen Ganzen durcheinander wirkender Bildungsgesetze, welcher daraus hervorgeht und der die Einzelheiten, die einzelnen Stufen der Entwicklung, aus sich heraus bestimmt. Die Größe dieses Gedankens, den Goethe dann auch auf die Tierwelt auszudehnen suchte, geht einem nur dann auf, wenn man versucht, sich denselben im Geiste lebendig zu machen, wenn man es unternimmt, ihn nachzudenken. Man wird dann gewahr, dass er die in die *Idee* übersetzte Natur der Pflanze selbst ist, die in unserem Geiste ebenso lebt wie im Objekte; man bemerkt auch, dass man sich einen Organismus bis in die kleinsten Teile hinein belebt, nicht als toten, abgeschlossenen Gegenstand, sondern als sich Entwickelndes, Werdendes, als die stetige Unruhe in sich selbst vorstellt.«[14]

In der organischen Welt, so die These, wird also jedes Einzelne gemäß seiner Eigenart vom Ganzen her bestimmt. Bei den Pflanzen wirkt dabei ein allgemeiner Pflanzentypus, den Goethe als Urpflanze bezeichnete, bei den Tieren kommt ein als seelisch verstandenes Innenleben hinzu. Für den Menschen gilt es darüber hinaus, die für ihn charakteristischen Möglichkeiten mit zu beachten, welche darauf beruhen, dass er zu freien geistigen Leistungen befähigt ist. Diese lassen sich, grob kategorisiert, den Bereichen der Wissenschaft, Kunst und Religion zuordnen.

Gehen Goethe entsprechend Werden und Sein der leiblichen Gestalt bei Pflanzen, Tieren und Menschen von einem Typus aus, so kann ferner für das seelische Leben und Erleben der Tiere und Menschen ein gemeinsames Prinzip von Resonanz und Einklang angenommen werden, das dieser Art der Lebensäußerung konstituierend zugrunde liegt. Für die Erfahrung des typisch Menschlichen kommt überdies hinzu, dass bestimmte Taten in ihrem Zusammenhang mit Intuitionen gedacht werden können, die von Menschen frei erfasst wurden und werden. Jedes Kunstwerk, aber auch die wissenschaftlichen Leistungen und religiösen Vorstellungen sind Ausdruck davon.

Für den Menschen gilt: Einzelheiten von Gestalt, seelischem Leben und geistiger Leistung erscheinen stets von einem Ganzen her konstituiert. Das Bewusstsein von sieben Generationen würde damit also im wahrsten Sinne des Wortes eine geistige Wirklichkeit erfassen. Möglicherweise kam es den Haudenosaunee genau darauf an.

Das Zeitalter des Menschen

Den Vegetationszonen der Erde folgend, gewinnen wir einen Eindruck von unterschiedlichen Lebensräumen, in denen sich Fauna und Flora im Laufe der Evolution jeweils artgerecht entfalten. Das gilt auch für den Menschen, der jedoch zusätzlich die Naturreiche durch die Folgen freier Taten verändert und prägt. Was auf diese Weise in die Welt kommt, was sie sogar bis in die Tiefenschichten der Evolution hinein unumkehrbar verändert, ist durch die Natur nicht vorgegeben, sondern absolut originär. Nie zuvor trat diese Tatsache so offensichtlich zutage wie gegenwärtig.

In der altehrwürdigen Geological Society of London beschäftigen sich Wissenschaftler-Generationen seit über 200 Jahren mit der Erdgeschichte. Welche Entwicklungen vollzogen sich in Jahrmillionen für unseren Mutterplaneten, und mit welchen Folgen? Dafür lesen die Wissenschaftler in den Schichten der Sedimentation, die den Jahresringen der Bäume gleich, entsprechende Rückschlüsse ermöglichen. Im Jahr 2008 befand die stratigrafische Kommission der Gesellschaft, dass das Holozän, das zwischeneiszeitliche Zeitalter, endgültig an sein Ende gelangt sei. Für die sich nun abzeichnenden Entwicklungen konnten sie in den zurückliegenden Jahrmillionen keine Entsprechungen mehr finden; was heute geschieht, ist absolut neu. Beunruhigt erkannten die Forscher, dass die von Menschen bewirkten landschaftlichen Veränderungen die natürlichen Prozesse der Sedimentierung übertreffen, Artensterben und -wanderungen bislang ungekannte Ausmaße angenommen haben und die offensichtlich menschengemachten Klimaveränderungen unaufhaltsam fortschreiten. Die biostratigraphischen Signale sind unmissverständlich: Die Auswirkungen menschlichen Lebens bleiben für die ganze Lebenswelt bestehen, der Mensch ist endgültig zur geologischen Größe geworden!

Wir befinden uns heutzutage am Ende einer Entwicklung, die zur weitreichenden Emanzipation des Menschen von den natürlichen, mitweltlichen Zusammenhängen führte, in denen unsere Entwicklung einst begann. Wir haben für uns eine eigene Welt geschaffen, in der besondere Regeln gelten, unter deren Anwendung sich die ganze Mitwelt bis in die Grundfesten hinein verändert. Und: Verglichen mit den natürlichen, geologischen Entwicklungszyklen ging das alles sogar sehr schnell.

In der frühen Phase der Entwicklung menschlicher Zivilisation waren nach dem Ende der letzten Eiszeit mit Ausnahme der Antarktis schon bald alle Kontinente besiedelt. Und auch die ozeanische Inselwelt war schließlich zu einem Teil der menschlichen Zivilisation geworden, als vor 800 Jahren schließlich auch die Besiedlung Neuseelands abgeschlossen war. Von da an dauerte es beispielsweise nur 600 weitere Jahre, bis die ursprüngliche Subsistenzwirtschaft (von lateinisch *subsistentia* »Bestand«: »durch sich selbst, Selbständigkeit«) fast vollständig verschwunden und die Anfänge der Weltwirtschaft über den gesamten Globus verbreitet waren.

Es hat sich tatsächlich schier Unglaubliches getan, seit sich die Vergletscherungen der Oberfläche der Erde von einem Drittel wieder auf ein gutes Zehntel zurückgezogen hatten. Eine Landbrücke über die heutige Beringstraße ermöglichte vorher den Austausch von Fauna und Flora zwischen Nordasien und Nordamerika, bevor der Meeresspiegel wieder um 120 Meter anstieg. Der heutige Mensch, der *Homo sapiens sapiens*, hat sich in den Ereignissen der Evolution etwa 30.000 Jahre vor unserer Zeit durchgesetzt. Aus unerklärlichen Gründen verschwand der Neandertaler damals von der Bildfläche, und jener Zweig, aus dem zuletzt auch wir Heutigen hervorgegangen sind, trug die Entwicklung des Menschen durch die folgenden Jahrtausende hindurch.

An der grundsätzlichen biologischen Vorgabe hat sich seither prinzipiell nichts wesentlich verändert. Wir erkennen jedes menschliche Wesen immer noch eindeutig als Abkömmling einer ganz bestimmten Linie der Evolution. Und doch hat sich vieles getan, was nicht ohne Folgen bleiben konnte. Wir sind heute – trotz der genetisch einwandfreien Zugehörigkeit – auf eine Art andere Menschen als es unsere Vorfahren vor Jahrzehntausenden noch waren. Die »konstruktiven« Vorgaben bezüglich der DNA, der Genetik und der physischen Erscheinung fanden und finden sich fortwährend »dynamisch« ergänzt durch die Herausbildung und Weiterentwicklungen des menschlichen Bewusstseins. Zum im strengen Sinne vorgegebenen einen Teil unseres Menschseins kommt auf diese Weise ein zweiter hinzu, mit dem unsere besonderen, menschlichen Möglichkeiten zu freiem Handeln zusammenhängen.

Der niederländische Meteorologe Paul Josef Crutzen, 1995 mit dem Nobelpreis für Chemie ausgezeichnet, veröffentlichte im Jahr 2000 einen Aufsatz, in dem er den Begriff Anthropozän (von altgriechisch ἄνθρωπος, ánthropos, »Mensch« und καινός, »neu«) zur Bezeichnung jener neuen geochronologischen Epoche vorstellte, als deren Beginn die Gegenwart verstanden werden kann. Für manche gilt das Ereignis der Zündung der ersten Atombombe als Anfang dieses neuen Zeitalters, andere schlagen dafür das Jahr 1800 vor, weil es für den Beginn der Industrialisierung steht. Vielleicht markieren auch der Beginn des Internetzeitalters oder die Entschlüsselung des menschlichen Genoms die unumkehrbare Wende.

Jedenfalls sind mit dem Beginn des Anthropozäns die einzigartigen Fähigkeiten und die darin verankerte Rolle des *Homo sapiens sapiens* unter den Lebewesen der Erde besonders deutlich sichtbar geworden: Wir wissen heutzutage, dass vom Leben eines jeden einzelnen Menschen Wirkungen ausgehen, die für das Gefüge der ganzen Welt folgenschwer sind. Die Physiologie seiner leiblichen Gestalt, die Konstitution seines seelischen Lebens sowie seine Fähigkeit, frei Gedanken zu fassen, zu formen und in entsprechenden Taten wirksam werden zu lassen, ermöglichen das – und zwar so, wie das bei anderen Lebewesen ganz offensichtlich nicht der Fall ist. Darum sind, vielleicht im Sinne der Begriffe von Gattung und Art der herkömmlichen Biologie, der »Mensch unter Menschen« und der »Mensch als Individualität« voneinander zu unterscheiden, wobei jeder einzelne Mensch konsequenterweise als eine potentiell eigene Art verstanden werden könnte. Die Suche nach einem darin wirksamen Typus führt mutmaßlich zu jenem generationenweiten, kollektiven Bewusstsein, das mit den geistigen Fähigkeiten eines jeden Menschen verbunden ist wie die Urpflanze mit jedem einzelnen Pflanzenexemplar.

Wir Menschen sind, bleiben und werden eben nicht nur, was sich im Sinne der biologischen Vorgabe als Leib und Existenz auf natürliche Weise entfaltet. Es kommt heutzutage mehr denn je etwas typisch Menschliches hinzu, über das wir – offensichtlich ohne besondere Rücksicht auf unsere Mitwelt – scheinbar immer besser verfügen, nämlich dass wir die Welt und darin auch uns selbst verändern können. Zu einer vernünftigen Abschätzung diesbezüglicher Folgen gehört notwendigerweise das Erleben von dem, was war und was einst kommen wird, was wir aber ohne besondere Aufmerksamkeit und Übung einfach nicht gut genug überschauen. Dazu sind wir zwar prinzipiell befähigt, aber es fällt uns nicht einfach zu. Infolgedessen erschaffen wir eine Welt, die gegenwärtig vielleicht komfortabel ist, die aber oft zu wenig von historischem Bewusstsein und von Verantwortung für die Zukunft getragen wird.

Erfahrungen der Fülle

Wenn man sich darauf einlässt, dem Rat der Haudenosaunee zu folgen, wird bereits beim Bedenken der Generationen der persönlichen, biologischen Verwandtschaft schnell eine Fülle der Ereignisse und Aspekte offenbar. Doch jenseits der im heutigen Sinne verstandenen unmittelbar familiären Beziehungen wachsen diese ins schier Unfassbare an. Hinzu kommt, dass alles Lebendige sich immer verändert, wandelt, wir aber gewohnt sind, immer nur ein Gewordenes, nicht aber das sich ständig Verändernde, also Lebendige zu erfassen. Bockemühl schreibt dazu:

»Wir erleben daran die Undurchdringlichkeit der Wahrnehmungswelt für unser Gegenstandsbewusstsein: Wir haben den Eindruck, dass das eigentliche Wesen des Angeschauten hinter der Wahrnehmung liegt, und doch erschließt unsere Betrachtungsart im Fortschreiten auf dem eingeschlagenen Wege nur immer zahlreichere, neue (äußere) Wahrnehmungen.«[15]

Auch beim Generationenbewusstsein geht es weniger um das Sammeln und Sortieren abstrakt verstandener Fakten, sondern um das Bilden lebendiger Vorstellungen und Begriffe, die der gegenständlichen Welt und ihren Ereignissen zugrunde liegen, ohne je selbst gegenständlich zu sein. In indigenen Kulturen ist ein solcher Hintergrund von Welt und Leben noch eher zugänglich als in den nicht-indigenen Kulturen.

»Der grundlegende Faktor, der Indianer und Nicht-Indianer davon abhält, miteinander zu kommunizieren, ist, dass sie über zwei völlig unterschiedliche Wahrnehmungen der Welt sprechen. Wenn man in einer Indianerreservation aufwächst, wird man sich der Geheimnisse des Universums sehr bewusst. Der Schulbesuch außerhalb der Reservation ist für die meisten Indianer eine traumatische Erfahrung. In der Welt des weißen Mannes geht es beim Wissen darum, Theorien, Daten, Listen von Königen und Präsidenten, die Tabelle der chemischen Elemente und viele Dinge auswendig zu lernen, die in der alltäglichen Arbeit nicht vorkommen. Wissen scheint von Erfahrung getrennt zu sein... Dass es eine Realität gibt, die wir nicht messen können, ist für nicht-indianische Völker schwer zu glauben oder zumindest eher emotional als intellektuell zu erfassen.«[16]

Was die indigenen Völker Orenda nennen, wird in anderen spirituellen Lehren als »ätherische Welt« bezeichnet. Aus ihr, so heißt es, ist ein ätherischer Leib für jedes Lebewesen gebildet, durch den eine essenzielle Verbindung mit dem Ätherischen – den Lebenskräften – der ganzen Welt gegeben ist. Es handelt sich um »dasjenige, was jedes Lebewesen zu einem solchen macht: eine autonome Befähigung, sich innerhalb von Materie, physikalischer Energie, Raum und Zeit anders zu verhalten als leblose Objekte.«[17]

Im Ätherischen ist ein Eindruck vom Urbildlichen alles Seienden ebenso zu gewinnen wie von den darin wirkenden Kräften. In den Kulturen der heutigen »modernen« Zeit müssen die Fähigkeiten des Bewusstseins, die den indigenen Völkern der Vergangenheit offenbar noch auf natürliche Weise zur Verfügung standen, erst von neuem ausgebildet werden.

»Wir besitzen die alten Bewusstseinsformen nicht; und wo sie noch in Resten vorhanden sind, müssen sie vom Gegenwartsbewusstsein abgelöst werden. Das Gegenwartsbewusstsein ist das Bewusstsein der neuzeitlichen Naturwissenschaft. Es ist die Frage, ob diese Bewusstseinshaltung aus sich selbst heraus die Fähigkeit hat, einen empirischen Weg zum Ätherischen finden zu können. Diese Forderung muss aber erhoben werden, wenn das Ätherische dem heutigen, in sich konsequenten Wachbewusstsein zugänglich sein soll.«[18]

Mit allem verbunden

Es steht außer Frage, dass die Menschen früherer Zeiten ihre natürliche Mitwelt noch anders erlebten als wir Heutigen. Und angesichts der im Laufe der Zeit erreichten wissenschaftlichen Fortschritte gilt mittlerweile manches als entschlüsselt, was früher noch Geheimnis war. Wenn wir das zum Anlass nähmen, von einer Entzauberung der Welt zu sprechen, verstünden wir die Sagen und Mythen alter Zeiten nur als Ausdruck von vermeintlichem Unwissen. Hinsichtlich der mittlerweile zur Verfügung stehenden Erklärungen natürlicher Phänomene im Sinne *rational verstandener* Gesetze und daraus entwickelter Modellvorstellungen wäre das in gewisser Weise sogar zutreffend. Das gilt aber nicht bezüglich der Fähigkeiten, Natur *empirisch erleben* und eben genau daraus Erkenntnisse ableiten zu können, die sich auf eine Ebene beziehen, die in der allgemein vorherrschenden Naturwissenschaft meistens vernachlässigt wird. Schließlich geht es in der Natur nicht nur um Funktionen. Leben ist viel mehr als das. Und vom Leben an sich gewannen die Menschen aufgrund ihrer Bewusstseinsfähigkeiten vor Jahrhunderten und Jahrtausenden möglicherweise noch viel einfacher einen direkten Eindruck. Heute ist das so nicht mehr möglich, so dass solche Fähigkeiten vor dem Hintergrund der neuzeitlichen Naturwissenschaft erst wieder neu erlangt werden müssen.

Die Wende

Der Übergang vom 18. zum 19. Jahrhundert kann in mancher Hinsicht als Wendezeit verstanden werden. Nicht nur das Zusammenleben und -arbeiten der Menschen wurde durch die aufkommende Industrialisierung und Urbanisierung verändert, sondern auch ihr Verhältnis zur Natur. Die Bemühungen um ein Verständnis der Natur wurden durch die systematische Erforschung und Dienstbarmachung der ihr zugrunde liegenden Gesetzmäßigkeiten signifikant gesteigert und europaweit von Wissenschaft und Philosophie rezipiert. Damals diskutierte Johann Wolfgang von Goethe mit seinem Freund Friedrich Schiller oft die sich im Gebiet der aufkommenden Naturwissenschaften abzeichnenden Veränderungen.

»Grundsätzlich wetteiferten zwei Gedankenschulen um die Vorherrschaft: Die Rationalisten vertraten die Auffassung, alle Erkenntnis entstehe durch Vernunft und rationales Denken, während die Empiristen der Meinung waren, der Mensch könne die Welt nur durch Erfahrung ›erkennen‹. Die Empiristen behaupteten auch, im Verstand befinde sich nichts, was nicht durch die Sinne in ihn hineingelegt sei. Einige erklärten sogar, bei der Geburt sei der menschliche Verstand wie ein weißes Blatt Papier, und erst im Laufe des Lebens werde das Blatt mit Wissen und Erkenntnissen gefüllt, die allein auf den Wahrnehmungen der Sinne beruhen. Für die Naturwissenschaften folgte daraus, dass die Empiristen ihre Theorien stets an Beobachtungen und Experimenten überprüfen mussten, während die Rationalisten eine These auf Logik und Vernunft gründen konnten.«[19]

Eine gewisse Tragik liegt darin, dass der Rationalismus den Empirismus immer mehr verdrängte. Statt danach zu suchen, unter welchen Voraussetzungen Phänomene rational und wann empirisch erklärbar sind, folgte man immer mehr einer Denkrichtung, die, bereits mit den Vorstellungen René Descartes beginnend, die ganze Welt allein nur mechanistisch verstehen wollte. Vor diesem Hintergrund wurde ein entsprechendes einseitiges Weltbild als vorherrschend etabliert. Der britische Physiker und Sachbuchautor Francis David Peat wies auf die damit verbundene Problematik hin:

»Seit zweihundert Jahren beschreibt die Physik jede Veränderung als eine komplexe Restrukturierung oder Entfaltung dessen, was bereits existiert. Nach dem heutigen Stand ihrer Erkenntnis ist jedes Ereignis im Universum implizit in dem enthalten, was bereits vorhanden war, und ist restlos festgelegt durch das, was ihm vorangegangen ist. Die Gegenwart ist stets aus den Schatten der Vergangenheit gewirkt, und in der Gegenwart ist alles enthalten, was in der Zukunft geschehen wird. Die Wissenschaft hat einen Terminus für solche determinierten Veränderungen: Sie nennt sie *unitäre Transformationen* und meint damit, dass nichts in die Welt kommen kann, was dem Existierenden nicht bereits innewohnt.«[20]

Die Wirkungen der ausschließlich rationalistisch geprägten Vorstellungen für ein Erforschen und Verstehen von Welt und Leben sind für unser Verstehen von eklatanter Bedeutung, weil sie einen Widerspruch zur unmittelbaren Erfahrung der Entwicklungsereignisse erzeugen, die ja weder ausschließlich kausal noch nur teleologisch zu verstehen sind. Das dritte dem Leben zugrundeliegende Prinzip der Korrelation wird nämlich nur verständlich, wenn Rationalismus und Empirismus angemessen miteinander vereint werden.

Francis David Peat befasste sich in diesem Zusammenhang auch mit Carl Gustav Jungs Ideen bezüglich seiner Untersuchungen korrelierender Ereignisse, die nicht über Kausalbeziehungen miteinander verknüpft sind. Jung beobachtete, dass Ideen, Träume und Visionen für das menschliche Bewusstsein synchronistisch, also gänzlich unvermittelt und überraschend, auftreten können. Peat bezeichnete solche Ereignisse als »Epiphanien« (von altgriechisch ἐπιφάνεια, *epipháneïa* »Erscheinung«), womit er das Aufleuchten von solchen Ideen im menschlichen Bewusstsein meinte, die allem Leben ordnend und sinngebend zugrunde liegen.[21] Als Beispiel wies er auf ein musikalisches Kunstwerk hin, dessen Entfaltung auf einem Wechselspiel zwischen rational verstandener Ordnung und dem empirischen Erfahren im Bewusstsein des Hörenden beruht.

»Die Ordnung eines Kunstwerks erwächst also aus dem Schöpfungsprozess und sorgt durch Rückkopplung dafür, dass das vollendete Werk seinen einheitlichen und geschlossenen Charakter behält. Jeden Augenblick gibt es ein Wechselspiel zwischen der Ordnung eines Musikstückes und seiner Entfaltung im Bewusstsein des Hörers. Stellen wir uns nun eine Sinfonie ohne Ende vor, eine Sinfonie des Universums, eine Sinfonie, die immer neu ist und deren vereinheitlichende Formen und Strukturen niemals absolut gesetzt sind. Ein solches Phänomen käme dem Wesen eines nicht-unitären Universums sehr nahe.«[22]

Bereits zu Beginn des 19. Jahrhunderts hatte der deutsch-britische Astronom Wilhelm Herschel die These vertreten, dass sich das Universum in Lebenszyklen entwickelt, die dem Keimen, Wachsen, Blühen, Reifen und Vergehen der Pflanzen vergleichbar sind.[23] Alexander von Humboldt, der sich sehr für die Ideen Herschels interessierte, erlebte und verstand das Universum genauso und sprach von einem großen Weltgarten, in dem die Sterne in verschiedenen Stadien der Entwicklung erscheinen, die mit denen der Pflanzen auf Erden vergleichbar sind. Im Sinne der von Peat gemeinten Sinfonie des Universums fänden sich alle Lebenserscheinungen in einem Werk orchestriert, das sich fortwährend neu entfaltet und entwickelt. Solche nicht-unitären Transformationen legen nahe, dass die Zukunft in der Gegenwart tatsächlich nicht vollständig enthalten sein kann.[24]

Auf das Leben und die Kultur der Menschen übertragen, ergibt sich damit ein Freiraum, in dem es möglich ist, wirklich Neues zu schaffen. Die Bedeutung des Anthropozän erscheint unter diesem Vorzeichen als etwas ganz anderes, nämlich nicht nur als eine Zeit der durch Menschen ausgelösten, unumkehrbaren Krisen, sondern auch von Chancen, die als solche bewusst erkannt und genutzt werden können. Im Zusammenhang einer jeden gegenwärtigen Entscheidung und Tat wird potentiell eine Entwicklung denkbar, die sich nicht allein in der Wiederholung oder Modifikation des bereits Wirklichen erschöpft. Es ist möglich, dass eine ganz andere Welt aus der bisherigen hervorgeht, selbst wenn ihre Substanz und die in ihnen wirkenden Naturgesetze dieselben sind. Unter der Voraussetzung dieser These gewinnen wir zugleich ein anderes Verständnis der Evolution.

Evolution

Die These, dass im Verlauf der Geistesgeschichte der Menschheit vollkommen neue Ideen und Sichtweisen als unvermittelte Epiphanien auftreten können, wird durch die Evolutionstheorie belegt. Heutzutage haben wir diese Idee, der zufolge es fortwährend zu entwicklungsbedingten Veränderungen der Lebewesen kommt, so verinnerlicht, dass wir uns kaum mehr vorstellen können, wie einschneidend wirksam diese Sichtweise auf das bis dahin vorherrschende Weltbild war. Die Sicherheit im bis dato geliebten Glauben an die göttliche Ordnung der Welt geriet ins Wanken!

Alles begann damit, dass der französische Botaniker, Zoologe und Entwicklungsbiologe Jean-Baptiste Lamarck Anfang des 19. Jahrhunderts erstmals behauptete, dass sich Organismen unter dem Einfluss ihrer Umwelt verändern können. Aus diesem Grundgedanken entwickelte der Gelehrte bald die erste Evolutionstheorie, die unter den Wissenschaftlern der damaligen Zeit einen lebhaften Streit über die Veränderlichkeit oder die Unwandelbarkeit der Arten auslöste. Letztlich kulminierte er in der Einsicht: Wenn sich die ganze Welt im Laufe der Zeit immer wieder verändert, müsse das auch für die Lebewesen gelten, die sich diesen Veränderungen ja stets anzupassen haben.

Auch Humboldt hatte bereits erkannt, wie Lebewesen um Raum und Nahrung kämpfen. Die Natur ist keineswegs friedlich und gewaltfrei! Darwin knüpfte im Anschluss an seine fünfjährige Weltumsegelung seine Gedanken zu einer natürlichen Selektion daran an:

»Im September 1838 schrieb Darwin in sein Notizheft, dass alle Pflanzen und Tiere ›durch ein Netz von komplexen Beziehungen miteinander verbunden sind‹. Das war Humboldts Netz des Lebens – aber Darwin ging noch einen Schritt weiter und machte daraus einen ›Lebensbaum‹, von dem alle Organismen abstammen und dessen Äste und Zweige zu ausgestorbenen und neuen Arten führen. 1839 hatte Darwin bereits die meisten Grundgedanken seiner Evolutionstheorie formuliert, doch er arbeitete noch weitere zwanzig Jahre daran, bevor er die *Entstehung der Arten* im November 1859 veröffentlichte.«[25]

Nun war die Vorstellung, dass die Entwicklung aller Pflanzen, Tiere und Menschen das Ergebnis natürlicher Prozesse war und ist, an die Stelle des Glaubens an die einzigartige göttliche Schöpfung getreten. Das war revolutionär, weil dadurch der Blick auf einen Raum eröffnet wurde, in dem sich Leben fortwährend den vorherrschenden Bedingungen entsprechend weiterentwickelt und entfaltet. So einleuchtend das für die rationale Betrachtung ist und so klärend es auf das empirische Erleben der natürlichen Vielfalt wirkt, bleibt für das menschliche Bewusstsein die Frage nach den in allem wirkenden Ideen dennoch offen. Eigentlich ergibt sie sich erst dann, wenn der Mensch sich gegenüber den Geheimnissen der Natur um Erkenntnisse bemüht, statt sie bloß gläubig hinzunehmen und zu verehren. Und das ist seit dem 19. Jahrhundert der Fall. Das Aufkommen der Evolutionstheorie ist dafür ein Beleg.

Die Ideen Darwins waren zu seiner Zeit insbesondere in kirchlichen Kreisen sehr umstritten. Bloß weil er Naturbeobachtungen anstelle theologischer Studien pflegte, warf man ihm gar Ketzerei vor. Aber mit der seinerzeit neuen Art des Natur- und Welterlebens war der bewusste Zugang zum Verständnis des Lebendigen unwiderruflich eröffnet worden. In diesem Sinne betätigte sich Ende des 19. und zu Beginn der 20. Jahrhunderts auch John Muir, ein schottisch-US-amerikanischer Naturphilosoph, Naturforscher und -schützer mit prägendem Einfluss bis auf die heutige Ökologiebewegung. Muir übte sich darin, im Buch der Natur zu lesen, um anhand der natürlichen Erscheinungen Maximen für einen sachgerechten Umgang mit der Mitwelt entwickeln zu können. In seinen naturphilosophischen

Schriften verwendete er den Begriff »Interpretation« dafür. Allerdings trat schon damals jener Gegensatz zutage, der in der Ökologiebewegung bis heute nachzuweisen ist: Während John Muir zu einer Gallionsfigur für all diejenigen wurde, die sich für einen weitgehenden Nutzungsverzicht (»Preservation«) einsetzen, engagieren andere sich für eine nachhaltige Nutzung (»Conservation«) der Natur. Über die Berechtigung beider Meinungen ist wohl nicht durch ein Entweder-Oder zu entscheiden. Beides, der geschützte Erhalt und die nachhaltig-verantwortliche Nutzung, gehört zusammen. Aber ein Rückschluss auf die Geistesart Muirs ist möglich, wenn man bedenkt, mit welcher inneren Haltung er sich so sehr für den Nutzungsverzicht einsetzte:

»Muir begegnete Gott in der Natur – aber nicht dem Gott, der von Kanzeln schallte. Die Sierra Nevada wurde sein ›Gebirgstempel‹, in dem Felsen, Pflanzen und Himmel die Worte Gottes waren und wie eine heilige Schrift gelesen werden konnten. Die Natur ›öffnet tausend Fenster, um uns Gott zu zeigen‹, schrieb Muir während seines ersten Sommers im Yosemite Valley, und jede Blume war wie ein Spiegel, der die Hand des Schöpfers wiedergab. Er wollte die Natur wie ein ›Apostel‹ predigen.«[26]

Lebewesen werden heutzutage auf der Basis der vorherrschenden Naturwissenschaft vor allem aufgrund von Merkmalen ihrer äußeren Erscheinung beschrieben. In diesem Zusammenhang gilt Leben meist nur als mechanistisch verstandene Eigenschaft. Dem liegt zugrunde, dass sich der Ausgangspunkt der Betrachtung im Laufe der Zeit vom naturalistischen Erfassen der Lebensphänomene immer mehr zu einem experimentellen verschob: Ein existenzielles Verstehen von Funktionen verdrängt immer mehr das essenzielle Erleben. Dass das nicht immer so war und bleiben muss, verdeutlicht Alexander von Humboldt, der die Erde noch als ein durch innere Kräfte bewegtes und belebtes Naturganzes verstand. Damit nahm er vorweg, was einhundertfünfzig Jahre später von dem renommierten britischen Wissenschaftler James Ephraim Lovelock vertreten werden sollte: Interessanterweise gelangte er aufgrund seiner jahrzehntelangen

Forschungen, vor allem auf den Gebieten der Atmosphärenchemie und der Geophysiologie, zu der gleichen Erkenntnis wie Humboldt. Lovelock entwickelte schließlich eine »Systemwissenschaft der Erde«, die er samt der sie umhüllenden Atmosphäre als Lebewesen verstand.

Holistisches Wahrnehmen der Welt

Die Möglichkeit, das Leben aufgrund einer Evolutionstheorie zu verstehen, die der menschlichen Erkenntnis zugänglich ist, schafft eine Art Rückbesinnung auf die faktisch totale Verbindung von uns Menschen mit der Welt. Sie birgt die Chance, zu einem gänzlich neuen Bewusstsein und Wissen zu gelangen, das es vorher deshalb noch nicht gegeben hat, weil wir Heutigen es erst jetzt aus ganzer Freiheit selbst wollen und hervorbringen können. So bestehen Anforderung und Chance zugleich, das inklusive, wirklich mitweltliche Verhältnis zur Welt, in der wir leben, zum Bewusstsein zu bringen. Das bedeutet: Es geht fortan nicht bloß um die Identifikation mit unserer Mitwelt, denn das wäre zu wenig, sondern darum, sich auch im Blick auf die eigene Existenz der gänzlichen Verbundenheit alles Lebendigen bewusst zu werden. Wir leben ja nicht nur *mit* der Natur, sondern vor allem *in* ihr.

Für ein essenziell-empirisches Erleben besteht die Welt nicht nur aus einer Ansammlung von ausgesprochen vielfältig erscheinenden Lebensformen, sondern auch aus Informationen, die dieser Vielfalt immanent sind. Diese Informationen werden durch Interpretation – durchaus im Sinne von John Muir als Lesen im Buch der Natur verstanden – zu Wissen. So gesehen ist jeder Gegenstand und jedes Lebewesen ein Informationsspeicher. Wenn man die Welt so versteht, ist sie selbst der größte Datenspeicher, den man sich nur vorstellen kann. Und es ist den Menschen spätestens seit dem Ende des 19. Jahrhunderts gegeben, darin zu lesen. Aber natürlich ist dieser bewusste Bereich der Teilhabe am Wissen der Welt nur der kleinere. Schließlich »funktioniert« Leben auch nur, weil permanent bestimmte Daten aus einem riesigen Speicher ausgelesen werden. Zu einem kleinen Teil geschieht das durch die uns bewusste Hirnaktivität, zu einem wesentlich größeren Teil allerdings gänzlich unbewusst, denn auf die Funktionen unserer Organe und Organsysteme haben wir keinen direkten Einfluss – funktionieren tun sie aber trotzdem. Ist es möglich, dieses Wunder, also die Verbindung aller Einzelwesen mit dem dauernd wirksamen großen Ganzen der Welt, irgendwann bis zu einem gewissen Grad zu überschauen?

Wenn es darum geht, Welt und Leben verstehen zu wollen, wird man sich mit dem Verhältnis zwischen Wahrnehmung und Denken beschäftigen müssen. Zum einen sind es die Sinneseindrücke, zum anderen die daran angeschlossenen Gedanken, auf denen jede Erkenntnis beruht. Eine objektive Wahrheit lässt sich nur erreichen, wenn sich die subjektiven Erfahrungen mit der Denkfähigkeit des Beobachters verbinden. Aber Goethe meinte lakonisch: Die Sinne trügen nicht, das Urteil trügt. Für ihn kam es darum in erster Linie darauf an, die infrage stehenden Phänomene so unbefangen wie möglich zu erleben, um sie in seinen Gedanken gleichsam von sich selbst »sprechen« zu lassen.

Ob und wie weit ist das dem Menschen überhaupt möglich? Der Biologe Jochen Bockemühl hatte sich mit dieser erkenntnistheoretischen Fragestellung intensiv befasst und eine für den menschlichen Erkenntnisprozess wichtige Voraussetzung herausgearbeitet:

»Gewöhnlich erleben wir uns von einer Welt von Gegenständen umgeben, die so, wie sie in unserem Bewusstsein auftauchen, auch ohne uns da sein könnten. Wir glauben, außerhalb von uns Gegenstände zu sehen und bemerken nicht, dass wir sie uns – damit sie uns so erscheinen – zugleich in einer bestimmten Weise vorstellen müssen. Wir übersehen meistens, dass die Wirklichkeit dieser Gegenstände auf Zusammenfügen zweier Erfahrungen beruht, die auf ganz verschiedenen Wegen gewonnen werden: der von außen kommenden Wahrnehmung und des von innen hervorgebrachten Begriffs. Während also unser Bewusstsein ganz von uns weg nach außen auf die Gegenstände gerichtet ist, vollziehen wir in uns etwas, was wesentlich den Charakter des Erscheinungsbildes mitbestimmt.«[27]

Im allgemeinen wird für den Prozess des Erkennens von einer Trennung von Außen und Innen, zwischen Objekt und Subjekt, ausgegangen. Mitunter wird sogar die Auffassung vertreten, dass jede Erfahrung durch das beteiligte Bewusstsein des betreffenden Menschen immer getrübt würde, es folglich eine reine Erfahrung der Wirklichkeit gar nicht geben könne. Und schließlich kann man sich unter der Voraussetzung solcher Erwägungen möglicherweise dazu gedrängt fühlen, eine Entscheidung zu treffen, welcher Seite des Erkenntnisprozesses man den Vorzug geben würde. Will man die Welt im Sinne des Empirismus oder des Rationalismus verstehen, also basierend auf einer mindestens annähernd reinen, durch die Sinne vermittelten Erfahrung oder aufgrund der sich daran anschließenden Denk- und Bewusstseinsleistung?

Es geht hier aber eigentlich nicht um ein Entweder-Oder, sondern um ein Sowohl-als-Auch, denn *es darf nicht übersehen werden, dass es immer jemanden gibt, der die Wahrnehmungen hat und die Gedanken denkt.* Auch Bockemühl weist auf diese vermutlich typisch menschliche Bewusstseinsleistung hin:

»Zunächst kann man darauf aufmerksam werden, dass die als fertig und außen erlebte Gesetzmäßigkeit eigentlich *in uns* als Begriff gefunden wird. Ich denke sie in einer bestimmten Form und suche dann ihre Bestätigung in der Sinneswelt. Wir rechnen im täglichen Leben damit, diese Gedanken in der Welt vorzufinden. [...] Erst wenn wir uns dieses Verhältnis zum Bewusstsein bringen, werden wir aufmerksam auf unser Denken als einer inneren Tätigkeit, die uns in anderer Weise als durch die Sinne mit der Welt verbinden kann. Die Sinneswelt erscheint dann als Ausdruck einer sie durchdringenden Gedankenwelt, zu welcher wir den Zugang durch unser Denken finden. Man kann nun die *Art des Tätigseins*, innerhalb derer eine Gesetzmäßigkeit, ein Begriff liegt, beobachten und mit ihr bewusster die Welt betrachten.«[28] [...] »... Wir bemerken, wie in der uns umgebenden Welt alle Erscheinungen in einem unmittelbaren Zusammenhang stehen, obwohl sie uns zunächst vereinzelt bewusst werden. In unserem verbindenden Denken tragen wir die Schatten dieser Zusammenhänge und können von da aus die zusammenhängende Wirklichkeit in unserer Umgebung aufsuchen, in der wir mitenthalten sind, der wir nicht gegenüberstehen.«[29]

TEIL II:
BEDINGUNGEN

Sieben Generationen

Das heutzutage vorherrschende Bild für eine in Generationen gegliederte Gemeinschaft besteht als die Familie von biologisch miteinander Verwandten. Die Alten, die Jungen und die noch ganz Kleinen fühlen sich darin miteinander verbunden. Sie bilden einen eigenen Organismus, in dem Beziehungen unter besonderen Vorzeichen gepflegt werden. Es ist nicht zu bezweifeln, dass die Interaktionen der Familienmitglieder untereinander anders sind und wirken – im positiven und mitunter auch im negativen Sinne – als diejenigen mit allen anderen Menschen. Dabei wirken im generationenübergreifenden Austausch jeweils spezifische Qualitäten: Die Großeltern verfügen über umfassendere Lebenserfahrungen als die Eltern. Sie werden Kinder darum anders begleiten und beraten können. Eltern sind mit der Sicherstellung der Versorgung der Familie beschäftigt und gehen dafür Erwerbsarbeiten nach. Die Heranwachsenden hingegen werden bestenfalls noch ganz sorglos die Welt erkunden, sich an elementaren Erfahrungen messen und entwickeln.

In indigenen Kulturen ist man sich der Bedeutung der – allerdings nicht nur biologisch miteinander verwandten – Familie für das Pflegen und Transferieren von Wissen noch sehr bewusst. Dieser Gemeinschaft kommt durch das generationenübergreifende Erleben von Verantwortung im ganz nahen Umfeld somit noch eine andere Bedeutung zu, als es in unserer Kultur der Fall ist.[1] Zweifellos könnten wir in dieser Hinsicht von den Haudenosaunee sehr viel lernen.

Und zwar gerade darum, weil sich im Zuge der kulturellen Entwicklung auch unsere Vorstellung von Familie immer mehr über den engen Rahmen hinaus erweitert und wir auch Mitmenschen gegenüber familiär zu fühlen beginnen, die nicht zum Kreis unserer biologischen Verwandten gehören. Es ist bemerkenswert, wie passend die Vorstellungen der Haudenosaunee zu solchen ganz aktuellen Veränderungen im Grundgefüge unseres Zusammenlebens sind. Bereits im 12. Jahrhundert übertrugen sie die besondere Beziehung der Menschen zu ihren Familien auf die große, stämmeübergreifende Gemeinschaft der Konföderation. Im Gesetz des großen Friedens werden diesbezüglich für die Hüter folgende sieben Eigenschaften benannt: 1. Die sieben Spannen dicke Haut. 2. Der Schutz vor Ärger, beleidigenden Handlungen und Kritik. 3. Herzen voller Frieden und guten Willens. 4. Gedanken voller Sehnsucht nach dem Wohl der Menschen. 5. Die Geduld, der Pflicht nachzukommen, und die Zärtlichkeit, die ihre Festigkeit mildert. 6. Ärger und Wut finden im Verstand keine Unterkunft. 7. Alle Worte und Handlungen sind durch ruhige Überlegung gekennzeichnet.

Von den als Hüter bezeichneten Oberhäuptern der Haudenosaunee wird weiter gesagt, dass sie die Menschen, das Gesetz und die Religion – also die überzeitlichen, Generationen verbindenden Werte – ihres Volkes in ihren Händen halten. Ihre Rolle ist nicht die eines Chefs im herkömmlich oberflächlich verstandenen Sinne, sondern die eines »Hoyaneh«, was »Bewahrer des Friedens« bedeutet. Dafür gelten sie in den Versammlungen der Konföderation als Stimme ihres Volkes. Ein Hoyaneh wird, von den Stammesmüttern ausgewählt, den alten Traditionen der Haudenosaunee folgend in sein Amt berufen, für das er lebenslang gültige Pflichten anzunehmen hat. Dazu eines der Oberhäupter:

»Wenn Sie mich fragen, was das Wichtigste ist, was ich über die Haudenosaunee gelernt habe, dann ist es die Idee, dass wir mit einer Gemeinschaft verbunden sind, aber einer Gemeinschaft, die über die Zeit hinausgeht. Wir sind mit den ersten Indianern verbunden, die auf dieser Erde wandelten, den allerersten, wie lange das auch her ist. Wir sind aber auch mit den Indianern verbunden, die noch nicht einmal geboren sind, und die auf dieser Erde wandeln werden. Und unsere Aufgabe in der Mitte ist es, diese Lücke zu schließen. Wir nehmen das Erbe aus der Vergangenheit, ergänzen es mit unseren Ideen und unserem Denken, und dann bündeln wir es und senden es in die Zukunft. Es handelt sich um eine andere Art von Verantwortung. Es geht nicht nur um mich, meinen Stolz und mein Ego, sondern um alles andere. Wir erben eine Pflicht, wir erben eine Verantwortung.«[2]

Die Erfahrung der Verbindung des gegenwärtigen Lebens mit der Dimension der sieben vorangegangenen und folgenden Generationen ist Teil des alltäglichen Lebens der Haudenosaunee. Jeder Mensch kann in diesem Sinne die Qualität seiner Entscheidungen und Taten prüfen; die Hoyaneh haben es darin in gewisser Weise zu einer Meisterschaft gebracht. Es handelt sich hier nicht nur um eine soziale Übung: Aus der Zeit der Gegenwart wird auf eine Form der Zeitlosigkeit (gleichzeitige Präsenz von Vergangenheit und Zukunft) Bezug genommen, um das Verständnis von Sinn und Bedeutung des eigenen Handelns in diesem erweiterten Kontext verstärken zu können. Dabei geht es um eine spirituelle Erfahrung, in der die »Gesichter« kommender Generationen, aus »dem Inneren der Erde« aufsteigend, sichtbar werden:

»Wir sehen uns wirklich als Teil einer Gemeinschaft, der unmittelbaren Gemeinschaft, der indianischen Gemeinschaft, aber auch als Teil ihrer Nation und der Konföderation. Und wenn innerhalb dieser Struktur Verantwortlichkeiten übertragen wurden, muss man sich wirklich um diese Verantwortlichkeiten kümmern. Du fängst an, im Sinne der Menschen zu denken, die nach dir kommen werden. Auf diese Gesichter, die aus dem Inneren der Erde hervorkommen und noch ungeboren sind, beziehen wir uns. Sie werden die gleichen Dinge brauchen, die wir hier gefunden haben, sie möchten, dass die Erde so ist, wie sie jetzt ist, oder ein bisschen besser. Alles, was wir jetzt haben, ist das Ergebnis unserer Vorfahren, die uns unsere Sprache, die Erhaltung des Landes, unsere Lebensweise und die Lieder und Tänze überliefert haben. Jetzt werden wir es bewahren und für zukünftige Generationen weiterführen.«[3]

Was sind »Generationen«?

Der in der Welt des 12. Jahrhunderts absolut innovative Impuls für einen Zusammenschluss verschiedener Stämme auf der Grundlage einer gemeinsamen Verfassung ist in zweifacher Hinsicht beachtlich: Zum einen stellten die Beteiligten die Belange der eigenen sozialen Gemeinschaft zugunsten des beabsichtigten, größeren Verbunds zurück. Zum anderen wurde vor diesem Hintergrund auch das Verständnis der sieben Generationen über den eigenen Stammeszusammenhang hinaus erweitert, denn entscheidend sind seither in erster Linie nicht die Interessen des eigenen Volks, sondern die der Gemeinschaft aller vertretenen Clans.

Auch wenn das Sieben-Generationen-Gewahrsein heutzutage vor allem als Ausdruck der ökologischen Verantwortung für kommende Generationen verstanden wird, ist es doch viel mehr: ein Hinweis auf die Tatsache der grundsätzlichen Verbundenheit von allem, was war, ist und sein wird. Diese Verbundenheit kann im Leben eines einzelnen Menschen oder einer Menschengemeinschaft durch die Vorstellung von Generationen und Generationalität besonders gut erfahren werden. Aber was genau lässt sich überhaupt als Generation verstehen?

Zum einen bezeichnet der Begriff biologisch eine Gemeinschaft von Lebewesen, für die in etwa der gleiche zeitliche Abstand zu Vorfahren und Nachkommen gegeben ist. In der Ahnenforschung sind das beispielsweise die Generationen von Großeltern, Eltern, Kindern und Kindeskindern. Der Anzahl an Jahren von einer Generation zur nächsten ergibt sich durch das durchschnittliche Lebensalter, in dem Menschen zu Eltern werden. Das liegt heutzutage im Durchschnitt bei etwa 30 Jahren.

Zum anderen ordnet man soziokulturell einer Generation all jene Menschen zu, die in einem bestimmten Zeitabschnitt besonders charakteristische, prägende Erfahrungen gemacht haben. Unter diesem Vorzeichen werden Kriegs- und Nachkriegsgenerationen ebenso voneinander unterschieden wie die 68er-Generation, die Baby-Boomer, die Generationen Y und Z und so fort. Die getrennte Betrachtung biologisch-genealogischen und soziokulturellen Verstehens von Generationen ermöglicht es aber nur annähernd, Deutungsmuster zu entwickeln, mit denen konkrete Wirklichkeiten wiedergegeben werden. Schließlich werden ständig Menschen geboren, und die Abgrenzung von Generationen wäre dadurch etwas willkürlich.

Anders verhält es sich, wenn die Vielfalt des Ganzen bezüglich eines konkreten Menschen betrachtet wird. Dann werden zeitliche Abstände sichtbar, die klar zu fassen sind. Ebenso leben die mit ihm verbundenen Menschen unter dieser Voraussetzung in ganz bestimmten, voneinander unterscheidbaren Lebensphasen mit jeweils prägenden Einflüssen. Das biologisch-genealogische und das soziokulturelle Verstehen finden sich in dieser Art der Betrachtung zusammengefasst. Allgemeines wird speziell, gewinnt Ordnung und kann in seinen Eigenarten verstanden werden. Und indem die Verbindung kollektiven Bewusstseins im Handeln eines einzelnen Menschen ganz konkret hervortritt, kann sie zugleich als Quelle der Inspiration befragt werden: Weisheit und Wissen finden sich vereint.

Es wurde bereits gesagt, dass es sich um die Verbindung mit einer Ebene von Lebenskräften handelt, wenn man sich der sieben Generationen bewusst werden möchte. Diese Lebenskräfte wirken im Verständnis der Haudenosaunee von einer eigenen Welt aus gestaltend und erhaltend in die sinnlich sichtbare Welt hinein. Die im Gesetz des großen Friedens verwendete Metapher der sieben Spannen dicken Haut ließe sich dann so deuten, dass jeder Mensch sieben Generationen weit von diesen Lebenskräften umgeben ist. Und zwar unter der Voraussetzung der jeweiligen konkreten Lebensdaten, sozialen und kulturellen Beziehungen in jeweils charakteristischer, einzigartiger Weise, die sich in ihrer Komplexität dennoch aus dem großen Ganzen heraus ergibt. Es ist wie mit einem Kristall, der, bestimmten Gesetzen und Kräften folgend, aus einem Kristallisationskeim erwächst. Für den Menschen ereignet sich das im leiblichen, seelischen und auch im geistigen Sinne. Diese Orenda wird in den spirituellen Traditionen der indigenen Völker als geistig-wirklich, also nicht bloß als eine gedankliche Abstraktion erlebt. Orenda ist im Leben der ganzen Welt, in allen einzelnen Wesen und in allen Gemeinschaften gegenwärtig. Nur wenn wir den Sachverhalt so verstehen, werden wir der Bedeutung des Leitsatzes gerecht, dass man sich vor jeder wichtigen Entscheidung sieben Generationen bewusst werden möge.

Individualität des Menschen und Wesen einer Gemeinschaft

Das Sieben-Generationen-Gewahrsein beruht unter anderem auf der ausschließlich menschlichen Fähigkeit, die natürlichen Gegebenheiten in der Mitwelt vorausschauend und reflektierend verändern, sich also der Folgen des eigenen Handelns bewusst sein zu können. Dieses Verständnis natürlichen Lebens ergibt eine hierarchische Ordnung, in der die besondere Rolle des Menschen hervortritt.

Für die Welt der Menschen kommt hinzu, dass sich die Folgen der menschlichen Taten nicht nur auf die materielle Welt erstrecken, sondern auch auf eine geistige. Seine Ideen, gedanklichen Errungenschaften, Einsichten und Weisheiten werden von Generation zu Generation weitergereicht. Sie sind Teil eines kollektiven Bewusstseins, aus dem heraus jeder einzelne Mensch seine individuellen Möglichkeiten zu steigern vermag, indem er sich all dessen bedient, was Generationen vor ihm erarbeiteten. Zugleich werden sein Leben und Handeln für die Zukunft lehr- und folgenreich sein, denn was durch ihn an Neuem erkannt und erarbeitet wird, steht folgenden Generationen ebenso zur Verfügung. Wir können also nicht nur vom Wesen eines Menschen sprechen, weil wir ihn als beseelt und zu freiem, charakteristischen Handeln befähigt finden, sondern auch von dem einer Gemeinschaft. Beide Wesenheiten, die persönliche und die soziale, wirken immer zusammen.

»Eine Gruppe von Ureinwohnern eines bestimmten Landes ist beispielsweise weit mehr als nur eine Ansammlung separat lebender Individuen, denn sie besitzt eine eigene Identität, die sich aus ihrem Selbstverständnis, ihren Ritualen und ihren Traditionen ergibt. Insofern ist die Gruppe in sich geschlossen. Wie alles in der Natur ist die Komplexität dieser Gruppe unerschöpflich. Es mag möglich sein, ihre Herrschaftsform, ihre Struktur, ihre Verhaltensweisen und ähnliche Aspekte anhand einer soziologischen Theorie zu untersuchen und daraus sogar ein gewisses Maß an Einsicht zu gewinnen. Doch wird eine solche Analyse den Sinn und die Ganzheitlichkeit einer solchen Gruppe niemals vollständig erfassen. […] Wie die Gemeinschaft ihre ganz eigene Identität besitzt, so auch jedes Individuum innerhalb dieser Gemeinschaft. Beide sind sie unerschöpflich in sich selbst, und weder Gruppe noch Individuum lassen sich aufeinander zurückführen. Dennoch ist in gewissem Sinne jedes im anderen enthalten. […] Nehmen wir nun an, die Strukturen der natürlichen Welt wären ähnlich beschaffen, also nicht einfach nur Ansammlungen von kleineren Bestandteilen – wie Molekülen, Atomen und Elementarteilchen. In diesem Falle könnte man durchaus davon sprechen, dass die gesamte Welt in einem über die Zugeständnisse der Physik hinausgehenden Sinn lebendig ist. Das Wachstum einer Stadt, eines Kristalls oder eines menschlichen Embryos, das Fließen eines Bachs und der Straßenverkehr zur Hauptgeschäftszeit hätten alle etwas gemein. Systeme entfalten sich in der Welt mit eigenen kohäsiven Strukturen, Formen und Gesetzen.«[4]

In Schwärmen von Fischen und Vögeln beispielsweise verhalten sich die vielen einzelnen Tiere gleichzeitig im Sinne einer höheren Ordnung: Sie streben spontan zueinander, bilden sinnvolle Formationen oder wechseln die Richtung ihrer gemeinsamen Fortbewegung schneller als es eine Kommunikation von Tier zu Tier bewirken könnte. Dieses Phänomen einer Gruppenkohäsion ist selbstverständlich auch unter Menschen nachweisbar. Einzelne ordnen sich in Gemeinschaft höheren Zielen unter, vermögen vom Teamgeist getragen ihre Leistungsfähigkeit zu steigern und sind dazu in der Lage, intuitiv Lösungen für Aufgaben zu finden. Dadurch wird ein Fortschritt möglich, der aufgrund der Fähigkeiten eines Einzelnen undenkbar wäre. Das Sieben-Generationen-Gewahrsein zeigt, dass sich ein einzelner Mensch dieser Möglichkeit ganz bewusst bedienen kann. Das tritt, als ebenso typisch menschliche Fähigkeit, zum verantwortlichen, vorsorgenden Handeln hinzu.

Um etwas genauer verstehen zu können, worum es bei dem bewusst gewollten kohäsiven Verhalten im Sinne des Sieben-Generationen-Gewahrseins geht, ist es hilfreich, sich noch einmal deutlich zu machen, welcher Art unser menschliches Verhältnis zur uns umgebenden Mitwelt ist. Damit haben wir uns bereits in den beiden vorangegangenen Kapiteln befasst und gesehen, wie sich geistesgeschichtlich eine rationalistische Grundhaltung durchgesetzt hat, die von jener Art abweicht, in der frühere indigene Völker ihr Verhältnis zur Mitwelt verstanden. Für sie war es selbstverständlich, sich als eins mit der Natur, also mit allen Steinen, Pflanzen, Tieren und Menschen, mit Wind und Wetter, mit Sternen und Planeten zu erleben. Unter dieser Voraussetzung ergibt sich zugleich ein anderes Verständnis von Kommunikation, denn:

»Wenn wir die Autonomie aller Ebenen und Strukturen begreifen wollen, müssen wir verstehen, in welcher Beziehung und Verbindung sie zueinander stehen. Sobald man über den Begriff der Kommunikation nachzudenken beginnt, wird einem klar, dass er in den Naturwissenschaften, der Technik und der Linguistik eine sehr spezielle Bedeutung angenommen hat. Unsere Vorstellung von Kommunikation ist sehr stark von der Informationstheorie beeinflusst, die in der Fernmeldetechnik und Informatik eine große Rolle spielt.«[5]

Heutzutage wird gemeinhin davon ausgegangen, dass man nur mit einem Wesen wirklich und verständlich kommunizieren kann, das (annähernd) über die gleichen geistigen Fähigkeiten verfügt wie man selbst. Die Kommunikation mit Tieren hält man in gewissen Grenzen noch für möglich, mit Pflanzen und Steinen oder aber gar mit Generationen für unmöglich. Aber genau das sahen die Menschen früherer Kulturen noch ganz anders, und zwar nicht, weil sie uns geistig unterlegen waren, sondern weil sie vermutlich noch über andere Fähigkeiten verfügten als wir.

So verband man in früheren Zeiten mit dem Begriff Haut mehr als nur die Vorstellung von einem den Körper überziehenden Organ, nämlich auch die sieben Generationen. Sich dessen bewusst zu werden, kann nicht nur im Hinblick auf die sieben vorangegangenen und die folgenden sieben Generationen erfolgen. Es gibt dafür noch eine dritte Möglichkeit:

Die meisten Menschen sind sich der Großeltern- und Elterngeneration besonders bewusst, weil sie sie selbst erlebt haben. Das gilt ebenso für die Generation der Kinder und Kindeskinder. Und setzt man für den Generationenabstand dreißig Jahre und zusätzlich die durchschnittliche Lebenserwartung an, werden die heutigen Kindeskinder in ihrem achtzig Jahre währenden Leben ebenfalls zu Großeltern geworden sein. So überschaut man von den Großeltern bis zu den Kindeskindern der Enkel einen Zeitraum von etwa 200 Jahren oder sieben Generationen, wobei fünf Generationen in der eigenen Lebenszeit unmittelbar gegenwärtig sind bzw. werden, und zwei weitere (die Kinder und Kindeskinder der eigenen Enkel) meistens nicht.

Unter dieser Voraussetzung wird die Metapher der Haut zur Bezeichnung der sieben Generationen verständlich, denn auch sie besteht – wie wir heute wissen – naturgemäß aus sieben Schichten. Fünf dieser Schichten werden als Epidermis bezeichnet und bilden mit Hornschicht, Glanzschicht, Körnerzellenschicht, Stachelzellschicht und Basalschicht die gefäßfreie Oberhaut. Darunter liegt als gefäßführende untere Lederhaut mit weiteren zwei Schichten die Dermis. Übertragen auf die Vorstellung der sieben Generationen entspräche die Epidermis den fünf Generationen von den Großeltern bis zu den Kindeskindern und die Dermis den beiden ungeborenen Generationen der Kinder und Kindeskinder der gegenwärtigen Enkelgeneration. Interessanterweise entspricht die gewählte Metapher also einer anatomischen Tatsache, von der man damals – wenn überhaupt – offenbar noch auf ganz andere Weise wusste als heutzutage.

Die metaphorische Bedeutung der Haut tritt weiter hervor, wenn wir bedenken, dass tierische Haut als Medium für Aufzeichnungen unterschiedlichster Art diente, und dass ebenso Körperbemalungen und -tätowierungen klare Botschaften vermittelten. Die Haut kann so gesehen als Grenz- und Zwischenschicht zwischen einem Innen und Außen, einem Menschlichen und Übermenschlichen oder dem Individuellen und Gemeinschaftlichen verstanden werden. Das gilt für die Haut im anatomischen Sinne, aber auch für die sieben Generationen.

Mythos und mythische Geschichte

Alles, was zum Sieben-Generationen-Gewahrsein an Quellen gefunden werden kann, legt nahe, dass es zu einer sehr alten, spirituell konnotierten Tradition gehört. Es ist gewiss älter als das Gesetz des großen Friedens und wurde schon lange von Mund zu Ohr tradiert, bevor es sinngemäß Eingang in den Text der Verfassung fand. So haben wir heute zum einen als schriftlichen Beleg einen Gesetzestext, zum anderen eine uralte Kultur der bewussten Verbindung mit einer dem sozialen Leben der Menschen übergeordneten Ebene der Lebenskräfte.

Vor allem wird ein bestimmtes Bild vom Menschen vermittelt, der seine frei gewollten Taten mit einem ebenso frei gewollten Bewusstsein der Verantwortung für die sieben ihn umgebenden Generationen verbindet. Dieses Menschenbild wirkt als spirituell getragene mythische Geschichte (Mythologumenon) identitätsstiftend: Das eigene Leben wird im Zusammenhang mit dem großen Ganzen erfahren und umgekehrt. Diese Erfahrung wird möglich durch den Mythos der sieben Generationen, mit denen sich ein Mensch verbunden fühlt, und die ein unmittelbarer, für ihn und sein Bewusstsein charakteristischer Ausdruck der Orenda, also der ätherischen Kräfte sind.

Der Priester und Religionsphilosoph Raimon Panikkar hat sich mit der Bedeutung von Mythos und Mythologumenon intensiv befasst. Seine Ausführungen erhellen diesen Zusammenhang:

»*Der Mythos, den man lebt*, besteht aus einem Komplex von Zusammenhängen, die man stillschweigend voraussetzt. Der Mythos gibt uns einen Anhaltspunkt, mit dessen Hilfe wir uns in der Wirklichkeit zurechtfinden. Der Mythos, den man selbst lebt, wird nie so gesehen oder erlebt, wie man den Mythos eines anderen sieht oder erlebt; er ist immer der vorausgesetzte Horizont, in den wir unsere Erfahrung der Wahrheit stellen. Ich bin in meinen Mythos eingetaucht wie andere in den ihren. Ich bin mir meines eigenen Mythos nicht kritisch bewusst, ebenso wenig wie die anderen sich ihres eigenen bewusst sind. Es ist immer der andere, der für meine Ohren mit einem Akzent spricht. Es ist immer der andere, den ich dabei ertappe, von ungeprüften Voraussetzungen aus zu sprechen. Und es ist der andere, der den Mythos aufdeckt, den ich lebe, denn für mich ist er als Mythos unsichtbar. Mein Mythos [...] ist das, was der andere in mir sieht, wenn er eine volle menschliche Beziehung mit mir eingeht, die die bloß dialektische Ebene übersteigt. Nur jenseits der Dialektik, auf der Ebene des *dialogischen Dialogs,* öffne ich mich dem anderen, wie ich bin, und erlaube ich ihm, mich zu entdecken – und zwar gegenseitig, ohne dass einer von uns in einer neutralen Objektivität Zuflucht sucht.«[6]

»Der Mythos ist das heilsame Fasten des Denkens, er befreit uns von der Bürde, alles ausdenken und durchdenken zu müssen, und so öffnet er den Bereich der Freiheit – nicht bloß die Freiheit zu wählen, sondern die Freiheit des Seins. [...] Dies bedeutet keineswegs, dass wir den Wert des Denkens vernachlässigen und geringschätzen und den Bereich und die unantastbaren Rechte des Logos ignorieren sollen. Es bedeutet nur, dass der Mensch nicht auf den Logos reduziert werden kann, noch das Bewusstsein auf reflexives Bewusstsein.«[7]

Das Mythologumenon der sieben Generationen ist, in die heutige Zeit übertragen, in diesem Sinne nicht nur für die in einer Gemeinschaft Führenden bedeutsam, sondern für jeden Menschen, der sich um ein bewusstes Leben bemüht, um darin schließlich seinen Mythos zu erkennen.

Die Erde, das Leben und der Mensch

Nehmen wir an, dass die Welt sich nur in dem erschöpft, was direkt und äußerlich als Inhalt der gegenwärtigen Wahrnehmung erfahren werden kann, entspräche das der allgemein verbreiteten Überzeugung. Aber es wird unter dieser Voraussetzung nur der kleinere Teil der tatsächlichen Wirklichkeit, nämlich das bereits Gewordene erfasst. Unbeachtet bleiben hingegen das Gewesene und das noch nicht Entstandene. Werden diese im Sinne von neben dem Gewordenen kooexistierenden »geistigen« Realitäten beachtet, kann man sich nicht nur der geformten Materie, sondern auch jener Kräfte gewahr werden, die der Gestalt alles Gewordenen – und dem darin immer werdenden – immanent sind. Erst wenn auch dieser Teil der Welt zum Gegenstand der Wahrnehmung wird, wäre das Bild der Wirklichkeit vollkommen.

Die ganze natürliche Welt erscheint gegenwärtig als direkte Fortsetzung der Vergangenheit. Doch trägt sie bereits die ersten Keime der Zukunft in sich. Was heute da ist, beruht auf Zusammenhängen und Tatsachen, die aus einer fernen Zeit in die heutige hineinragen, und alles Kommende ist ohne das Jetzt nicht denkbar. Für unser sinnliches Wahrnehmen gegenwärtig ist zwar nur die äußere Erscheinung (eines Baumes oder eines Gegenstandes zum Beispiel), doch sind alle gegenwärtigen Erscheinungen zugleich mit einer Vergangenheit und Zukunft verbunden. Obwohl wir das mit unseren Augen nicht sehen und mit unseren Händen nicht tasten können, erleben wir es doch, indem wir es denken. Ein großer Bereich der Wirklichkeit der Welt bliebe uns verschlossen, wenn wir diesen *nichtsinnlichen* Bereich nicht berücksichtigen.

Vermutlich hatten es die Menschen früherer Zeiten noch leichter, auf diese Weise von einem ganzheitlichen Natur- und Welterleben auszugehen. Möglicherweise konnten sie gar nicht anders, denn die rationalistische Denkart der heutzutage vorherrschenden Naturwissenschaft hatte sich noch nicht entwickelt. Sie löste das erweiterte Denken alsbald mit der Prämisse ab, Welt und Leben nur anhand der äußerlich und gegenwärtig zutagetretenden Phänomene (mechanistisch) erklären zu wollen. Nun geht es darum, jene frühen Formen holistischen Welterlebens mit den inzwischen entwickelten Fähigkeiten des klaren, logischen Denkens zu verbinden. Wir Heutigen können das erreichen, indem wir uns zunächst der Vielfalt des Lebens der Erde und dem Wunder unserer eigenen Existenz darin zuwenden. Auf diese Weise erweitert sich unser Erlebnishorizont über die Grenzen der Gegenwart hinaus. Damit ergibt sich für die Bewusstseinsentwicklung eine dritte Stufe, auf der ein Mensch sich der Tatsache seines eigenen, individuellen Lebens und zugleich des Lebens der ganzen Welt bewusst sein kann. Dazu verhilft das Sieben-Generationen-Gewahrsein.

Lebendige Erde

Dass und wie Lebewesen miteinander und mit ihrer Mitwelt verbunden sind, wurde ab Mitte des 19. Jahrhunderts zunehmend zum Gegenstand der wissenschaftlichen Forschung. Der Zoologe Ernst Haeckel prägte dafür den Begriff »Ökologie«. Fortan begann man sich systematisch mit natürlichen Zusammenhängen zu befassen, derer sich die Menschen in früheren Kulturen noch ohne besondere Bemühungen bewusst waren. Es ist bemerkenswert, dass uns heutzutage ein vergleichsweise großes Wissen über die Natur zur Verfügung steht, wir uns aber zugleich um das ökologische Verständnis immer stärker bemühen müssen.

Betrachtet man einen Globus, bemerkt man, dass unsere Erde schon auf ihrer Oberfläche markant durch geschwungene Küstenverläufe in Land- und Wasserflächen gegliedert ist. Die sieben Kontinente Europa, Asien, Afrika, Nord- und Südamerika, Australien und die Antarktis sind umgeben von drei Ozeanen: im Norden vom nordatlantischen und nordpazifischen Ozean und dem Polarmeer, im Süden vom südatlantischen, indischen und vom südpazifischen Ozean. Hinzu kommen als markante Gebilde die Hochgebirge, die von Asien aus nach Europa in ost-westlicher Richtung verlaufen und auf den amerikanischen Kontinenten in nord-südlicher Richtung.

Außerdem ist die ganze Erde in vier Sphären gegliedert: in die Lithosphäre, Hydrosphäre, Atmosphäre und Thermosphäre. Hüllen, die »etwas« umgeben und an die sich weitere Hüllen anschließen, die schließlich bis in ferne kosmische Weiten reichen. Und die Erde dreht sich: um die Sonne, um sich selbst und der Rotation ihrer eigenen Achse folgend. Seit gar nicht so langer Zeit weiß man, dass auch die Sonne sich auf einer Umlaufbahn in einem galaktischen Jahr (entspricht etwa 225 Millionen Jahren) um das Zentrum der Milchstraße bewegt und dass die Erde ihr, sie umkreisend, folgt.

Wegen der Drehungen der Erde und weil die Achse, um die sie sich dreht, nicht im Lot ist, gibt es die Jahreszeiten, die das Leben auf der Erde so wunderbar vielfältig zur Erscheinung bringen. Landmassen und weite Ozeane, Höhensphären und tiefe Gründe – sie sind alle in Bewegung: Aus den Tiefen der Erde strömen Magmen herauf, die sich, von den Mittelrücken am Grund der Weltmeere ausgehend, den Kontinenten entgegen bewegen, während auf der Oberfläche Wassermassen in verschiedenen Aggregatzuständen die Räume der Biosphäre als von Winden getriebene Wolken durchströmen.

Insofern wir uns diesen Lebensraum beweglich, *sich dauernd verändernd* vorstellen, ließe sich die Erde ebenso wie wir selbst als ein lebendiges Wesen deuten. Dass von den zutage tretenden Phänomenen manches ganz rational und naturwissenschaftlich zu erklären ist, ändert ja nichts an der Tatsache unserer empirischen Erfahrung: Die Erde lebt! Johann Wolfgang von Goethe vermochte es, seine naturwissenschaftlichen Studien mit den entsprechenden Empfindungen zu begleiten, wodurch er zu einem Bild von der lebendigen Erde fand:

»Ich denke mir die Erde mit ihrem Dunstkreise gleichnisweise als ein großes lebendiges Wesen, das im ewigen Ein- und Ausatmen begriffen ist. Atmet die Erde ein, so zieht sie den Dunstkreis an sich, so dass er in die Nähe ihrer Oberfläche herankommt und sich verdichtet bis zu Wolken und Regen. Diesen Zustand nenne ich die Wasserbejahung; dauert er über alle Ordnung fort, so würde er die Erde ersäufen. Dies aber gibt sie nicht zu; sie atmet wieder aus und entlässt die Wasserdünste nach oben, wo sie sich in den ganzen Raum der hohen Atmosphäre ausbreiten und sich dergestalt verdünnen, dass nicht allein die Sonne glänzend herdurchgeht, sondern auch sogar die ewige Finsternis des unendlichen Raumes als frisches Blau herdurch gesehen wird. Diesen Zustand der Atmosphäre nenne ich die Wasserverneinung. Denn wie bei dem entgegengesetzten nicht allein häufiges Wasser von oben kommt, sondern auch die Feuchtigkeit der Erde nicht verdunsten und abtrocknen will, so kommt dagegen bei diesem Zustand nicht allein keine Feuchtigkeit von oben, sondern auch die Nässe der Erde selbst verfliegt und geht aufwärts, so dass bei einer Dauer über alle Ordnung hinaus die Erde, auch ohne Sonnenschein, zu vertrocknen und zu verdorren Gefahr liefe.«[8]

Die milden, zuweilen auch gewaltigen Wetterereignisse, vulkanische Eruptionen, blühende Wiesen und schattige Wälder, klare oder vielfarbige Kristalle, Auenlandschaften, Wasserfälle und Seen – soll das alles nur Zeugnis von kosmischen Entstehungsprozessen liefern, die nichts mit einem umfassenden Lebenswillen gemein haben? Eine Antwort auf diese Frage wird von der inneren Einstellung abhängen, mit der wir uns mit dem Leben der Erde beschäftigen. Würden wir davon ausgehen, es im übertragenen Sinne mit einer Maschine zu tun zu haben, bliebe uns jene Ebene der persönlichen Erfahrung – auf die es aber gerade ankommt – verschlossen. Ein Beispiel mag verdeutlichen, was ich damit meine:

Stellen wir uns vor, wir würden einem uns besonders nahestehenden Menschen unsere Hand oder unser Ohr auf die Brust legen, um das in seinem Körper schlagende Herz zu erleben. Zweifellos würden wir das mit entsprechenden Gefühlen begleiten. Was erleben wir dann? Was ist das für ein Organ, dessen Schlagen wir vernehmen? Der Herzschlag kann durch die jeweilige Verfassung des Leibes und der Seele beeinflusst sein. Irgendwie kommt in diesem einen Organ alles an, was dem ganzen Organismus gegenwärtige Tatsache ist. Ein »Etwas« erscheint konzentriert an einem Ort und lässt Rückschlüsse auf eine allgemeine Befindlichkeit zu.

Jedes Herz ist materiell aus der gleichen Substanz, wie auch alles sonst in dieser Welt. Es ist aus dem gleichen Stoff wie die Bäume, die

Steine, das Gras, die Tiere und das Meer, aber in einer anderen Ordnung, die die Erde an dieser Stelle Herz sein lässt. Das Organ nimmt eine bestimmte Aufgabe im Organismus wahr, für die es genauso geworden ist. Es wird vom Blut durchströmt, das durch Leib und Lunge gelenkt wird, es ist warm und verströmt messbar Energie.

Aber nicht erst den Lebewesen, sondern bereits dem Raum, in dem sie geworden sind und sich entwickeln, liegen Phänomene zugrunde, die bis heute rational-wissenschaftlich nicht vollständig erklärt werden können. Wie konnte eine Umgebung entstehen und bestehen, die für das Leben in der uns bekannten Art so ideal beschaffen ist wie unsere Erde?

»Für die Wissenschaft bleibt offen, wie sich so unterschiedliche Substanzgehalte einmalig im Kosmos herausbilden konnten. Sie führt das letztlich auf die Entstehung des Lebens aus dem Anorganischen zurück, obwohl ständig und ausschließlich nur das Gegenteil beobachtet werden kann. Da wird versucht zu erklären, wie die chemischen Elemente durch elektrische Entladungen etc. zu Eiweißmolekülen synthetisiert werden könnten. Es bleibt jedoch völlig offen, wie solche anorganischen Moleküle dann weiter dazu gekommen sein sollen, die dagegen komplizierten Eiweiß- und Genstrukturen der niedersten Bakterien zu bilden, oder wie zeitlich geordnete, rhythmische Funktionen möglich würden, wie Photosynthese, Atmung, Stoffwechsel, Wachstum oder Teilung und wie sie am Ende sogar artspezifische Gestalten hervorbringen konnten.«[9]

Wenn wir über die Welt nachdenken, können wir die Erde als Mesokosmos zwischen den makrokosmischen Weiten und dem Mikrokosmos Mensch verstehen. Wir können versuchen, uns vorzustellen, dass alles Leben um uns herum vom Grundsatz her kein anderes als unser eigenes ist. Und: Weil wir Menschen sind, können wir all das denken!

Selbstbestimmtes Leben

Wir haben uns eben damit beschäftigt, dass und wie wir unsere Vorstellungen vom großen Zusammenhang der Welt sinnvoll erweitern können, um die Wirklichkeit nicht nur zum Teil, sondern vollständig zu erfassen. Es ging darum, dass nicht nur die Gegenwart wirklich ist, sondern auch die Vergangenheit und die Zukunft. Nicht nur, was ist, sondern auch, was war und noch sein wird, bildet den Boden für alles Sein. Darauf beruht das Leben.

Dabei dürfen wir nicht übersehen, dass im Rahmen dieser zeitübergreifenden Beständigkeit dennoch immer wieder vollständig Neues geschieht und entsteht. Gegenwart und Zukunft beruhen zwar auf Vergangenem, sind aber dadurch nicht vollständig determiniert. Es kommt hinzu, dass immer wieder emergente Eigenschaften und Verhaltensweisen auftreten.

Um beides, das immer Beständige und das sich neu Einstellende, im Zusammenhang verstehen zu können, liegt es nahe, dreierlei voneinander zu unterscheiden: die materielle Erscheinung, das Leben an sich (das jedes Lebewesen mit der ganzen Welt gemeinsam hat) und die Existenz eines konkreten Wesens oder einer bestimmten Art.

Nehmen wir den Menschen selbst als Beispiel. Niemand würde seinen Mitmenschen als ein bloß materielles Wesen bezeichnen. Jeder Mensch ist immer mehr als sein lebendiger Leib, nämlich Persönlichkeit – also ein Wesen, das zu individuellem Ausdruck und zu freiem Handeln begabt ist. Würden wir daraus ein differenziertes Menschenbild ableiten, würden wir im Kern von einem Wesen sprechen, das – wie vorhin bereits gesagt – in allem die sinn- und richtungsgebende Instanz sein kann. Dieser Aspekt ergänzt und stützt exemplarisch das erweiterte Weltbild, von dem in diesem Buch die Rede ist.

Die Unterscheidung von leiblicher und personaler Existenz des Menschen ergibt sich übrigens nicht nur aufgrund philosophischer Erwägungen des 19. Jahrhunderts, sondern ebenso durch Erkenntnisse auf den Gebieten der Humanmedizin und der Biologie.

Man weiß darum heutzutage sehr genau, dass das *leibliche Leben* eines Menschen den Beginn und das Ende seiner *personalen Existenz* (begrenzt durch den Beginn und das Erlöschen der Hirnfunktionen) zeitlich überragt.[10] Schauen wir uns die Bedeutung dieser Unterscheidung genauer an.

Zunächst wissen wir alle, dass wir in diesem Moment leben. Ebenso werden andere irgendwann wissen, dass wir tot sind. Das klingt banal, liefert aber für unser Verständnis vom Leben eine wichtige Grundlage. Denn während sich nach dem gegenwärtigen Stand naturwissenschaftlichen Wissens zwar zahlreiche Prozesse beschreiben lassen, die für Leben und Lebewesen charakteristisch sind, lässt sich nicht mit der gleichen Sicherheit sagen, *was Leben eigentlich ist*. Wenn zum Leben Energie- und Stoffaustausch, Wachstum und Fortpflanzung, Reaktionen auf Veränderungen der Umwelt sowie Kommunikationsprozesse gehören, beschreibt das *die Außenseite* der für den Menschen wesentlichen Erfahrung. Dafür verfügen wir offenbar über ein geeignetes Sensorium, mit dessen Hilfe wir schließlich erfassen, dass wir über das gleiche Leben verfügen wie jede Pflanze, jedes Tier und jeder andere Mensch. Insofern können wir uns verbunden fühlen mit allem, was ist, und besonders mit allem, was lebt.

Zugleich erleben wir aber, dass wir selbst nicht die Dinge und Wesen unserer Mitwelt sind. Wir teilen zwar alle miteinander das Leben, sind aber dennoch einzelne, unverwechselbare Eigenwesen. Bemerkenswerterweise machen wir diese Erfahrung unserer Individualität aufgrund einer »negativen« Erfahrung: Ich bin nicht der andere. Das brachte der Priester und Autor Wilhelm Hoerner einmal in die kurze, einleuchtende Formulierung: »Das Ich ist nicht, sondern es geschieht.«[11] Um das Bewusstsein vom Kern seiner Persönlichkeit zu erwecken, ist der Mensch offenbar auf seine Mitwelt mit allen Dingen und Wesen angewiesen.

Für die Entwicklung jedes Einzelnen erschließt sich nun zweierlei, nämlich dass das Leben an sich kontinuierlich von Generation zu Generation weitergegeben wird, und dass darin separat die Individualität des Menschen erscheint. Dass beides unserem Bewusstsein und freien Willen zugänglich ist, begründet unser besonderes Verhältnis zum Ganzen der Welt. Was wir Menschen daraus machen, haben wir selbst in der Hand. Und wie erfolgreich wir letztlich sein werden, hängt von den Vorstellungen ab, die wir uns von uns selbst und vom großen Zusammenhang bilden, bevor wir etwas in ihm verändern.

Besondere Möglichkeiten erkennen

Die Folgen menschlicher Taten haben bis heute das Gesicht der Welt tiefgreifend verändert. Wenn man bedenkt, dass Tag für Tag Lebewesen durch Gentechnik willkürlich verändert werden, ganze Arten für immer verschwinden oder dass die Klimaveränderungen wohl nicht mehr zu stoppen sind, wird man sich der vielen unumkehrbaren Folgen menschlichen Lebens bewusst. Die ganze Welt ist zu einer anderen geworden, und zwar nicht nur im Rahmen ihrer naturgegebenen, langatmigen Evolutionsgeschichte, sondern in der vergleichsweise sehr kurzen Zeitspanne der technischen und industriellen Entwicklung. Nun lebt ein Teil der Menschen aufgrund der erreichten Fortschritte in durchaus angenehmen Verhältnissen. Aber der weitaus größere Teil der Menschen und vor allem die nichtmenschlichen Lebewesen auf Erden tragen eine ungeheuer schwere Last, unter der sie jeden Augenblick zusammenbrechen könnten. Der Öko-Pionier und Umweltaktivist Johannes Heimrath stellt hierzu fest: »Ein natürliches System passt sich steigendem Stress an, bis der kritische Punkt erreicht ist, an dem es entweder plötzlich zusammenbricht – oder mutiert.«[12]

Würde man im Blick auf die heutigen Verhältnisse beschreiben, wer oder was der Mensch ist, wäre das Ergebnis, dass man von einem Wesen sprechen würde, das ausgesprochen klug und rücksichtslos zugleich ist. Man würde ein Wesen beschreiben, das in den allermeisten Fällen nur an sich selbst denkt und bereit ist, für den eigenen Vorteil das Leben eines jeden Mitwesens, ja der ganzen Welt, zu unterwerfen oder gar zu zerstören.

Tatsächlich entspricht ein solches Menschenbild der lang verbreiteten Auffassung, dass die Welt nur für den Menschen gemacht sei. Erst spät, vielleicht zu spät, erhoben sich mahnende Stimmen dagegen, wie etwa 1785 die Immanuel Kants, der dem sich hinter der Fassade des Wohlstands ausbreitenden Elend seinen »kategorischen Imperativ« entgegenhielt: Man möge doch bitte nur nach Maximen handeln, die man als allgemeines Gesetz anzuerkennen bereit ist, meinte der Philosoph. Auch Alexander von Humboldt stellte infrage, dass das alles unterwerfende Verhalten der Menschen nicht nur berechtigt, sondern gar gottgewollt sei.

»Humboldt verabschiedete sich von der anthropozentrischen Sicht, die seit Jahrtausenden vorherrschte: von Aristoteles, der geschrieben hatte, ›dass die Natur alle die genannten Geschöpfe um der Menschen willen geschaffen hat‹, bis zum Botaniker Carl von Linné, der 1749, mehr als zweitausend Jahre später, diese Auffassung bekräftigte, als er sagte, dass ›alle Dinge zum Nutzen des Menschen gemacht sind‹. Die Menschen waren davon überzeugt, dass Gott sie als Herren über die Natur eingesetzt hatte… [...] Im 17. Jahrhundert erklärte der britische Philosoph Francis Bacon: ›Die Welt ist für den Menschen geschaffen‹, und René Descartes vertrat die Ansicht, Tiere seien im Grunde genommen nichts anderes als Automaten – vielleicht komplex, aber unfähig zum Denken und damit dem Menschen unterlegen. Die Menschen, so Descartes, sind ›die Herren und Besitzer der Natur‹.«[13]

Man glaubte, dass man mit jedem »kultivierenden« Eingriff in die Natur der Welt etwas Gutes tun würde. Die gepflegten Landwirtschaften und Gärten empfand man als schön und einladend, während man die Urwälder als unwirtlich und lebensfeindlich erlebte. Das hatte Folgen für das Bild, das sich die damaligen Europäer von den Ureinwohnern Amerikas machten. Humboldt sah allerdings auch das ganz anders.

»Im Gegensatz zu den meisten Europäern hielt Humboldt die indigenen Völker nicht für barbarisch, sondern war beeindruckt von ihren Kulturen, Überzeugungen und Sprachen. Tatsächlich sprach er von der ›Barbarei des civilisierten Menschen‹, als er sah, wie die Ureinwohner von Kolonisten und Missionaren behandelt wurden.«[14]

Offensichtlich haben wir Gegenwärtigen diesen Einklang mit der Natur größtenteils verloren. Wie konnte es zu dieser »Barbarei des civilisierten Menschen« kommen, und wie zu dem folgenschweren Irrtum, dass es legitim sei, die eigene Lebensart zu Lasten aller Mitwesen immer weiter zu steigern?

Das Menschenbild der Schöpfungsmythen

Schaut man auf die überlieferten Schöpfungsmythen verschiedener Kulturen, fällt auf, dass sie eigentlich alle auf das Erscheinen des Menschen hin ausgerichtet sind. So bereits in den Geschichten der Sumerer, aus der Zeit um 6000 v. Chr., die als die ältesten Schöpfungsmythen der westlichen Welt gelten. Im Atraḫasis-Epos, das auf sumerische Einflüsse zurückgeht, ist von Igigu genannten Gottheiten die Rede, die den Anunna-Himmelsgottheiten Frondienste zu leisten hatten. Das ging so lange, bis nach einem Aufstand der Igigu die Menschen erschaffen wurden, die fortan den Göttern zu Diensten waren.

Der Mensch wird demnach im Atraḫasis-Epos, das etwa 1800 v. Chr. entstand, als Teil des Pantheons beschrieben und seine Werke gleichsam als Gottesdienst verstanden. In den Moses-Büchern, die ebenfalls seit dem zweiten Jahrtausend v. Chr. entstanden, findet sich diese Einordnung der Erschaffung des Menschen in eine göttliche Ordnung ebenfalls. Im Buch Genesis ist die Rede vom Menschen, der als Ebenbild Gottes und als Vollendung der ganzen Schöpfung erschaffen wird. Zugleich wird er aufgefordert, sich die Erde untertan zu machen und über alle Tiere zu herrschen.[15] Das Motiv einer göttlichen Instanz (das sind zunächst Götter, später in den monotheistischen Religionen ist es der eine Gott), die die Welt und darin den Menschen erschuf, wurde auch in anderen, späteren Schöpfungsgeschichten immer wieder tradiert. So auch im antiken Griechenland, in dem Hesiod im 7. Jahrhundert v. Chr. schrieb, dass die Menschen aus Gaia als einer der sechs Urgottheiten hervorgegangen sind. Auch

Platon und Aristoteles nahmen einen »Demiurgen« (göttlicher Handwerker) bzw. einen »primum movens« (unbewegten Erstbeweger) als Ausgangspunkt der Schöpfung an.

Immer galt für den Menschen also ein göttlicher Ursprung und ebenso, dass ihm im Verhältnis zu Mitwelt und -wesen aufgrund dessen eine herausragende Rolle zukam. In der indischen Mythologie war im Rigveda sogar davon die Rede, dass die ganze Welt aus dem durch die Götter geopferten Urmenschen Purusha hervorgegangen sei. Der Mensch, so sah man es früher, war nicht darum allen anderen überlegen, weil seine kognitiven Fähigkeiten sich in Schritten herausragend entwickelt hatten; die Möglichkeit zu besonderen geistigen Leistungen war ihm vielmehr von Beginn an gegeben. Im 10. Jahrhundert v. Chr. verfasste der damalige israelische König Salomo einen Text, in dem er – in einem fiktiven Monolog der Weisheit – die damalige Vorstellung vom göttlichen Ursprung der menschlichen Denkfähigkeit zum Ausdruck brachte:

»Der Herr hat mich geschaffen im Anfang seiner Wege, vor seinen Werken in der Urzeit; in frühester Zeit wurde ich gebildet, am Anfang, beim Ursprung der Erde. Als die Urmeere noch nicht waren, wurde ich geboren, als es die Quellen noch nicht gab, die wasserreichen. Ehe die Berge eingesenkt wurden, vor den Hügeln wurde ich geboren. Noch hatte er die Erde nicht gemacht und die Fluren und alle Schollen des Festlands. Als er den Himmel baute, war ich dabei, als er den Erdkreis abmaß über den Wassern, als er droben die Wolken befestigte und Quellen strömen ließ aus dem Urmeer, als er dem Meer seine Satzung gab und die Wasser nicht seinen Befehl übertreten durften, als er die Fundamente der Erde abmaß, da war ich als geliebtes Kind bei ihm. Ich war seine Freude Tag für Tag und spielte vor ihm allezeit. Ich spielte auf seinem Erdenrund und meine Freude war es, bei den Menschen zu sein.«[16]

Diese besondere Kraft, die Weisheit, wurde dem Menschen mit dem göttlichen Atem, also verbunden mit dem Leben selbst, übertragen. Im Christentum wird sie mit dem Heiligen Geist gleichgesetzt, der die höchste Form der Inspiration des menschlichen Bewusstseins ermöglicht. Man muss also vor dem Hintergrund der religiösen Vorstellungen früherer Zeiten gewiss noch von einem grundsätzlich anderen Menschenbild ausgehen als dem heutigen. Aber wenn wir inzwischen auch der schlimmen Folgen menschlichen Handelns gewahr sind, muss das nicht bedeuten, dass der Mensch nicht anders handeln kann. Vielmehr können wir gerade im Blick auf diese tragische Komponente der menschlichen Entwicklung die große Chance erkennen, die wir bestenfalls noch nicht ganz verpasst haben: Wir vermögen es, in der Welt Hilfreiches und Sinnvolles zu etablieren, gerade weil wir über einzigartige geistige Fähigkeiten verfügen. Sie versetzen uns in die Lage, das Leben als solches zu erkennen und darin eine existenzielle Erfahrung unserer selbst zu machen. Ob man das erkennt, hängt davon ab, wie man die uns überlieferten Schöpfungsmythen interpretiert. Unsere geistigen, typisch menschlichen Fähigkeiten versetzen uns in die Lage, das Leben als solches zu erkennen und darin eine existenzielle Erfahrung unserer selbst zu machen.

Dieser Fähigkeiten lernte der Mensch sich im Laufe der Zeit offensichtlich immer besser zu bedienen. So war es ihm gegeben, seine Gedanken in greifbare Wirklichkeiten zu verwandeln. Damit veränderte sich aber zugleich die Denkart selbst, insofern das Gegenständliche, das sinnlich Fassbare gegenüber den rein geistigen Inhalten und Werten priorisiert hervorgehoben wurde. Bald waren es nicht mehr Götter und Helden der alten Mythen, mit denen die Welt erklärt wurde, sondern die rationalen Erkenntnisse der Naturwissenschaft, die der materiellen Außenseite der Welt mehr Aufmerksamkeit entgegenbringt als dem inneren Zusammenhang. Für die ethisch-moralische Verantwortung blieb darum immer weniger Raum.

Wenn früher vom Menschen die Rede war, der aufgrund göttlicher Bestimmung eine verantwortliche, führende Rolle einzunehmen habe, war damit bestimmt nicht gemeint, dass es ihm erlaubt oder gar aufgetragen sei, seine gesamte Mitwelt zu unterwerfen, auszubeuten und zu zerstören. Vielmehr kann man sich vorstellen, dass man in jenen alten Kulturen, die der unsrigen vorausgingen, noch Wert auf den Menschen legte, der sich pflegend und sorgend um seine Mitwesen zu kümmern habe. Seine Überlegenheit verpflichtet ihn zu Verantwortung und Umsicht. Wenn man anderes aus den Schöpfungsmythen folgert – und das wurde und wird leider immer wieder getan –, wird das ihrer Bedeutung nicht gerecht, sondern dient allenfalls der Rechtfertigung des eigenen Hochmuts.

Die weltweit erste demokratische Verfassung

In allen Religionen geht es immer um ein »Diesseits« und ein »Jenseits«, also um zwei Wirklichkeiten, in denen der Mensch beheimatet ist. Das Zeitliche, das in den irdisch-biologischen Formen erscheint, und die spirituelle Erfahrung des Ewigen, stehen sich in diesem Verständnis gegenüber. Es obliegt der Entscheidung eines jeden Menschen, vor welchem Hintergrund er zu handeln gedenkt. Will er sich mit seinen Interessen im Zeitlichen ergehen oder sucht er bewusst immer wieder den Anschluss an ein Leben, das ewig besteht, weil es Gott bzw. den Göttern näher ist?

Später entwickelte sich jene Sichtweise, die eine strikte Trennung des Geistigen und des Materiellen (verstanden als Nicht-Geistiges) immer mehr verstärkte. Das ursprüngliche Erleben der Einheit von Geist und Materie ging zunehmend verloren, bis der britische Biologe Thomas Huxley im 19. Jahrhundert den Begriff »Agnostizismus« für die auch von ihm vertretene Auffassung prägte, dass alles Geistige oder Göttliche der menschlichen Erkenntnis verborgen ist und bleiben wird.

Diese Sichtweise stand dem Erleben und der Denkart der alten, indigenen Völker diametral entgegen. Für letztere bestand kein Zweifel daran, dass die ganze Welt in all ihren Erscheinungen und Wesen von Geist durchdrungen ist. Materie war für sie nie ohne Geist und Geist niemals ohne Materie. Unter der Voraussetzung dieses ganz anderen Welterlebens wurde das Zusammenleben und -arbeiten der Menschen organisiert.

Der Impuls zur Entstehung einer entsprechenden Verfassung geht auf Deganawidah zurück, der im 12. Jahrhundert der christlichen

Zeitrechnung lebte und als Gründer der Konföderation der Five-Nations und Nationalheld der Irokesen gilt. Geboren wurde er, nachdem seine Mutter im Traum erfahren hatte, dass sie einen Sohn gebären würde, der den »Baum des Friedens« im Gebiet der Onondaga pflanzen werde. Ihm, so die Traumbotschaft, sei es gegeben, die Welt durch die Prinzipien des Großen Geistes zu einen, damit die Menschen frei von Krieg, Kannibalismus und schwarzer Magie leben können. Die von ihm und seinem Leben überlieferten Legenden können so gedeutet werden, dass Deganawidah als einer der Eingeweihten seiner Zeit verstanden werden kann. Auch die ihm zugesprochenen Attribute der jungfräulichen Geburt und der Erhabenheit über den Tod sprechen dafür.

Das 12. Jahrhundert gehörte zu einer kultur- und geistesgeschichtlich interessanten Epoche. In Europa war es die Zeit der aufkommenden Gotik und des Kathedralenbaues. In den esoterischen Traditionen des Mittelalters spielte die Verehrung des Weiblichen – besonders hervortretend im Kult der Schwarzen Madonna – eine herausragende Rolle. Aus ihr ging ein markanter, im allgemeinen sozialen Leben wirksamer Einfluss hervor, der in Europa eine wirtschaftliche Blütezeit ermöglichte.[17]

Versteht man die Zeit um das 12. Jahrhundert herum als matriarchal geprägte Epoche, gilt das aber keineswegs nur für die europäischen Verhältnisse, sondern auch für die in Nordamerika. Die indigenen Kulturen waren ebenfalls durch eine besondere Verehrung und Beachtung des Weiblichen geprägt. Beispielsweise mussten die in die Versammlungen der Delegierten entsandten Hüter aus den mütterlichen Linien der Clans stammen und wurden für ihr Amt von den Frauen ausgewählt. In den Versammlungen der Konföderation entschieden sie, unabhängig von der Größe der durch sie vertretenen Stämme, mit jeweils gleicher Stimme im Konsens.

Die Einrichtung eines Parlaments zur gemeinsamen Verwaltung verschiedenster Interessen auf der Basis einer demokratischen Verfassung war wahrhaft innovativ und historisch weltweit erstmalig. In der Konföderation der Haudenosaunee waren mehrere Nationen in einer gemeinsamen Vertretung, dem »Grand Council« als der ältesten Regierungsinstitution Nordamerikas, zusammengefasst. Die von den Stämmen entsandten Delegierten trafen Entscheidungen, die alle Mitglieder der Konföderation verpflichteten. So nimmt es nicht Wunder, dass die Konföderation der Haudenosaunee einigen Gründervätern der USA als Vorbild diente. Historiker der University at Buffalo wiesen nach, dass sich Benjamin Franklin, James Madison und einige andere Gründerväter der Vereinigten Staaten von Amerika von den demokratischen Ideen ihrer indigenen Vorgänger inspirieren ließen. Außerdem identifizierten die Historiker Symbole und Bilder der amerikanischen Ureinwohner, die von den aufstrebenden Vereinigten Staaten übernommen wurden – einschließlich des amerikanischen Weißkopfseeadlers und eines Bündels Pfeile.[18] Im Oktober 1988 verabschiedete der US-Kongress schließlich eine Resolution, um den Einfluss der Ideen der Konföderation der Haudenosaunee auf die amerikanische Verfassung und die Bill of Rights anzuerkennen.[19] Vielleicht ist das nicht nur ein Ausdruck dafür, dass dem historischen Erbe der Haudenosaunee der gebührende Respekt entgegengebracht wird, sondern implizit auch eine Anerkenntnis der Bedeutung, die das in jener alten Kultur gepflegte Wissen in der Jetztzeit haben könnte. Es scheint so, als wäre die Zeit dafür gekommen.

Werden und Wirken

Ebenso wie für den Fisch im Schwarm wirkt für den Menschen innerhalb einer Gemeinschaft ein auf Kohäsion beruhender Zusammenhalt, der das Auftreten emergenter Eigenschaften begünstigt. Die Ordnung kohäsiver Strukturen ergibt sich, ganz besonders wenn es um die sieben Generationen geht, unter der Voraussetzung der Zeit. In ihr erscheinen alle Lebewesen, deren Existenz auf stetiger Veränderung beruht. Der Theologe und Philosoph Wilhelm Hoerner brachte das in die knappe Formulierung: »In Wirklichkeit zeitigen sich die Wesen, indem sie erscheinen, und indem sie vergehen, entzeitigen sie sich. Denkend sind wir überzeitlich.«[20] Damit hat er zugleich auf die besonderen Bedingungen und Herausforderungen hingewiesen, die sich für unser Bewusstsein ergeben.

Im gewöhnlichen, alltäglichen Leben sind wir es nämlich gewohnt, die Welt zu erfassen, indem wir uns vor allem auf das konzentrieren, was beständig ist. Dabei handelt es sich vor allem um den Teil der Welt, der geworden ist und sich nicht mehr durch sich selbst verändert. Darum können wir ihn auf der Grundlage mathematischer und physikalischer Gesetze verstehen, die sich aber immer nur auf Räumlich-Gegenständliches beziehen. Darin gewinnen wir das sichere Gefühl, unsere Lebenswelt verstehen zu können, ohne Unvorhergesehenes fürchten zu müssen. Wir glauben, dass das Leben berechenbar und vorhersagbar ist – und reagieren erschüttert, wenn die Wirklichkeit uns gelegentlich eines Besseren belehrt.

Um das sich ständig Verändernde – und damit *den* Ausdruck der Zeit – erfassen zu können, müssen wir unser Denken grundsätzlich ändern. Hoerner hat am Beispiel der Pflanze erläutert, worauf es nach seinem Dafürhalten dabei ankommt:

»Eine wachsende Pflanze steht in logischem Widerspruch zu dem Begriff des Nebeneinander im Raum. […] Beim *Nebeneinander* kann kein anderes an die Stelle des einen treten, ohne es zu verdrängen. Bei der wachsenden Pflanze ist aber nach einem Monat an die Stelle der heutigen Pflanzengestalt eine veränderte getreten, ohne die ursprüngliche Pflanze weggeschafft zu haben. Während in der Logik der drei Dimensionen jeder Begriff das ihm andere ausschließt, gilt hier eine andere Logik, die des Werdenden, die man mit Carl Unger (1878 – 1929, Maschinenbau-Ingenieur, Autor anthroposophischer Werke) ›die Logik der vier Dimensionen‹ nennen kann. Bei dieser Logik gilt: ›Jeder Begriff schließt das ihm andere ein.‹ Wurzel – Pflanze; Stengel – Pflanze; Blüte – Pflanze. ›Wird das ihm andere in den Begriff des Räumlichen hereingenommen, so erhalten wir den Begriff der Veränderung im Raum. Das ist aber nichts anderes als der Begriff der Zeitbeziehung.‹ […] ›Wir können sagen: Die Pflanze überwindet den Raum durch die Zeit. Die Logik des Grundsatzes der

Identität ist nicht anwendbar auf das Wesen der Pflanze; hier ist eine Logik am Platz, welche der dreidimensionalen Logik widerspricht, eine Logik des Werdens.‹«[21]

Zeit und Zeitlosigkeit

Das alltäglichste Erlebnis von Zeit haben wir im Hinblick auf die Nacht und den Tag. Letzterer steht uns allmorgendlich in Gänze für unser aktuelles Leben zur Verfügung. Dann verrinnt diese Möglichkeit dem Lauf der Sonne folgend immer mehr, bis am Ende des Tages die Nacht heraufgezogen ist. Bevor im 12. Jahrhundert mit den Turmuhren die ersten mechanischen Uhren aufkamen, zeigte man die Zeit mit Sonnenuhren an, die entweder Schatten warfen oder einen Lichtstrahl fokussierten. Das Aufkommen der Gnomonik (von griechisch γνώμων, *Gnomon* »Schattenstab«) war als Lehre von den Sonnenuhren für die Kulturgeschichte der Menschheit von zentraler Bedeutung, denn das Messen der Zeit begleitete jene Entwicklung, in der sich der Mensch seiner Welt, sich selbst und seiner Taten bewusstwurde.

Es war, als würde der Mensch aus einem Traum erwachen. Er erkannte immer besser, dass ihm für alles nur ein begrenztes Maß an Zeit zur Verfügung steht. Dabei war das Zeitmaß anfänglich gewissermaßen noch flexibel: Man kannte zunächst nur unterschiedlich lange Stunden, weil man die im Jahreslauf differierenden Tages- und Nachtlängen in jeweils zwölf gleiche Abschnitte einteilte. Mit diesen Temporalstunden rechnete man bis zum Aufkommen der mechanischen Uhren. Erst jetzt war ein Maß entwickelt, das vom konkreten Erleben der Menschen vollkommen unabhängig angewendet werden konnte.

»Auf dem Weg zur Genauigkeit im Uhrenbau brachte die Verwendung des Pendels einen weiteren Fortschritt. Galileo Galilei hatte 1583 schon das Pendelgesetz entdeckt. [...] Mit ihm konnte man Minutenzeiger und später sogar Sekundenzeiger einbauen. In Europa lässt sich diese Einteilung erst am Ausgang des Mittelalters nachweisen. Die Einteilung wurde dann mit der Erfindung der Räderuhr auf das runde Zifferblatt mit kreisenden Zeigern übertragen.«[22]

Dieses mechanistische Verständnis von Zeit haben wir Menschen seither in wenigen Jahrhunderten so verinnerlicht, dass wir unser ganzes Leben inzwischen vor allem im Blick auf die uns zur Verfügung stehende Lebenszeit quantitativ statt qualitativ empfinden.

Zeit tritt in Erscheinung, wo ein sonst unsichtbares Wesen im Äußeren erscheint. Entwicklung wird zum Ausdruck eines Verlaufes, der Zeit »sichtbar« macht. Aber das wird anhand der mechanisch gemessenen und streng getakteten Zeit, die wir eindimensional linear im Sinne von kausal aufeinander folgenden Ereignissen erleben, nur begrenzt zur Erfahrung. Es geht vielmehr um eine gleichzeitige pulsierende Präsenz von Vergangenheit, Gegenwart und Zukunft, die man sich heutzutage nicht mehr einfach vorstellen kann. Dafür müssten wir nämlich die mechanistische Zeitvorstellung erst einmal vergessen. Wir würden dann nicht mehr in Jahren angeben, wie alt wir sind, sondern eine Qualität fühlen, die das Alter in Jahren relativiert. Dem entspräche die Tatsache, dass jeder Mensch über unterschiedlich intensive Lebenserfahrungen verfügt. Ein »alter«, erfahrener Mensch könnte dann jemand sein, der an zählbaren Jahren noch jung, aber dennoch schon uralt ist. Indem wir uns diesen qualitativen Aspekt der Zeit bewusst machen, beginnen wir zum einen zu erkennen, worin sich ein Organismus vom Mechanismus unterscheidet, zum anderen, worauf das Wesentliche der durch den Menschen bewirkten Kultur beruht:

»Das Konzept der Simultaneität aller drei Zeiten ist durchaus auch von großem Wert für ein näheres Verständnis der kulturellen Sphäre. Jedem Historiker ist deutlich, dass jede Kultur nicht nur die eigene Gestalt hervorbringt, sondern immer auch noch einen erheblichen Anteil der vorhergegangenen Kulturepoche als Unterschichtung behält, ebenso wie schon die vorausnehmenden Keime künftiger Möglichkeiten gegenwärtig sind. Wir haben es im historischen Fortgang immer mit einer ›historischen Interferenz‹ dreier Kulturstufen gleichzeitig zu tun.«[23]

Die Simultaneität aller drei Zeiten ansatzweise erleben zu können, ist eine wichtige Voraussetzung für die Umsetzung des Sieben-

Generationen-Gewahrseins. Die Erfahrungen der Jetztzeit erscheinen darin aufs engste mit der Vergangenheit und Zukunft verbunden. Wir können davon ausgehen, dass die Menschen früherer Zeiten, besonders der indigenen Kulturen, daran keinen Zweifel hegten und davon, dass es den Menschen noch leicht fiel, die Simultaneität auch zu erleben. Genauso können wir jedoch davon ausgehen, dass sich diese Leichtigkeit im Zuge der insbesondere durch technische Entwicklungen bedingten Veränderungen bis heute weitgehend verlor. So nimmt es nicht Wunder, dass sich seit Beginn des 19. Jahrhunderts eine Sehnsucht danach entwickelte, aus dem engen Rahmen »mechanisierter« Zeitvorstellungen ausbrechen zu können. Seinen äußeren Niederschlag fand das im damals entstehenden Genre der Zukunftsromane. Darin ist die Rede von »Zeitmaschinen« – an diesem Narrativ erkennt man unschwer den Einfluss der industriellen Entwicklung –, die es den Menschen ermöglichen, sich in der Zeit beliebig vor- und zurückzubewegen. Was damals im Bild einer fiktiven technischen Vorrichtung erschien, kann als mechanistisches Abbild der verlorenen geistigen Fähigkeit verstanden werden, im Bewusstsein das eigentliche, tiefere Wesen der Zeit erfassen zu können.

Zeiterleben und Kultur

Indem es möglich wurde, sich Vorstellungen von der Erde im Kosmos zu machen, begann man damit, die Zeit physikalisch zu verstehen und allen Kalenderordnungen zugrunde zu legen. Man schuf mit den Kalendarien Abbilder jener Verhältnisse und Rhythmen, die in den Bewegungen der Himmelskörper sichtbar werden, und man verstand immer genauer, dass verschiedene Periodizitäten, wie Tage, Jahre und Jahreszeiten das Leben rhythmisieren. Ganz bestimmte Zahlen- und Maßverhältnisse, die in der ganzen Welt nachgewiesen werden können, wurden nach und nach zur Grundlage von Kalendarien und Zeitmessungen. Der Mensch war zu einem Bewusstsein erwacht, das es ihm ermöglichte, nicht nur die Gleichzeitigkeit zu erleben, sondern auch einen Zeitstrom zu denken, der von der Vergangenheit über die Gegenwart zur Zukunft reicht, und in den er selbst existenziell einbezogen ist. Das führte im Leben der Menschen zu gravierenden kulturellen Veränderungen.[24] Doch war beispielsweise die Sieben-Tage-Woche erst seit dem ersten Jahrtausend v. Chr. in Gebrauch. Als »Planetenwoche« verstand man sie zunächst noch als Willensäußerungen von Gottheiten, weshalb Astronomen zugleich als weise Magier bezeichnet wurden. Die Geschichte von den »Heiligen drei Königen« – den weisen Magiern aus dem Morgenland – der Bibel beruht darauf.

Auch was als ein Monat verstanden wird, hat mit den Umläufen der Planeten, insbesondere des Erdmondes zu tun. Dass zwölf dieser Monate ein Jahr ausmachen, bezieht sich auf weitere Zusammenhänge mit dem Tierkreis und der Wanderung der Erde um die Sonne. Diese Bindung der Jahreslänge an den Erdumlauf erfolgte (im alten Ägypten) erst im 3. Jahrhundert v. Chr. Aufgrund dieses Grundkonzepts entstanden im Laufe der Zeit viele verschiedene Kalender, die bis heute mehr oder weniger in Gebrauch sind, wie etwa der griechisch-orthodoxe, der koptische, der zoroastrische und der iranische Kalender.

So sinnvoll Kalendarien für die Lebensführung sind, so einseitig ist dennoch das durch sie bewirkte Weltbild. Es quantifiziert und ist prädestiniert, das qualitative Verständnis von Zeit einzuschränken. Neben den zählbaren Stunden, Tagen, Wochen, Monaten und Jahren sind für ein wirkliches und vollständiges Erleben der Zeit aber auch Tatsache und Fortgang von Entwicklungen wesentlich, die sich nicht erschöpfend durch eine getaktete, lineare Zeitstruktur verstehen lassen.[25] Im Mesokosmos der irdischen Evolution wird sichtbar, was, makrokosmischen Prinzipien entsprechend, auch auf der mikrokosmischen Ebene des menschlichen Lebens erfahren werden kann: Vorangegangenes wird in allen Folgeentwicklungen verstärkend wirksam.

»Gleichwertige Entwicklungsstufen erfolgen offenbar nicht in quantitativ identischer Wiederholung, sondern so, dass die bisher durchlaufene Zeit selbst einen Einfluss auf den Eintritt der weiteren qualitativen Zeitstufung hat. Das Charakteristische der logarithmisierenden Zeitabläufe besteht darin, dass die Größe der durchlaufenen

Zeit selbst mitbewirkt, dass weniger Zeit für den nächsten Qualitätssprung nötig wird. Das Ausmaß durchlaufener Vergangenheit kann offensichtlich einen sich in das Folgende einbindenden Einfluss nehmen. [...] Es stellt sich dieser Einbindungsvorgang geradezu wie oder als ein Lernprozess dar, der die weitere Entwicklung eher, rascher, direkter an die nächste Stufe heranzuführen geeignet ist. Der Einbezug bereits vollendeter Zeit in die noch werdende Zeit ist das Wesensmerkmal und der Kern logarithmisierender Zeitabläufe.«[26]

Damit geht auch eine Beschleunigung, respektive Verkürzung der Zeit einher, die jeder Mensch kennt, der mit zunehmendem Alter erlebt, um wie viel schneller als in der Kindheit für ihn die Zeit vergeht. Die Entwicklungsschritte folgen im Leben eines einzelnen Menschen immer schneller aufeinander, was ursächlich nicht nur Ausdruck einer subjektiven Wahrnehmung, sondern auch eines allgemeinen, objektiven Phänomens ist. Unserem Bewusstsein ist durchaus bewusst, dass und wie Träume und besondere Erlebnisse den Zeitverlauf aufheben. So können einem Stunden wie Sekunden (oder umkehrt) erscheinen. Das gibt Anlass, das bloß linear-mechanistische Verständnis von Zeit infrage zu stellen und seine Einseitigkeit zu überwinden. Ein erneuertes Tiefenerlebnis von Zeit wird uns dann ermöglichen, neben dem Gleichtakt die Bedeutung der Rhythmen und damit das Leben zu verstehen.[27]

Gesundheit und Krankheit

Indem wir damit rechnen, dass es neben dem quantitativen auch ein qualitatives Erleben der Zeit gibt, erkennen wir die Einseitigkeit des vorherrschenden physikalischen Verständnisses. Isaak Newton bezeichnete die Zeit als ein unveränderliches Gefäß, in das man die Abläufe der Welt einordnen kann. Daran erkennt man das bis heute immer weiter verfestigte physikalische Verständnis von Zeit als starrer Maßeinheit, die darum mit Uhren abgebildet werden kann. Aus dieser Auffassung ging das Diktat hervor, dem wir uns heutzutage meist so sehr unterwerfen, dass wir den natürlichen Zugang zu jenem anderen, qualitativen Zeiterleben übersehen. Das geht so lange, bis wir den Folgen unserer vereinseitigten Denkart und Lebensweise nicht mehr ausweichen können. Unter Umständen sind es dann ökologische Probleme in der natürlichen Welt oder Erkrankungen an Leib und Seele, die uns zum Umdenken veranlassen.

Mit der Wirkung der natürlichen Rhythmen auf Gesundheit und Krankheit beschäftigt sich die Chronobiologie und -medizin. Mit ihrer Hilfe wird deutlich, wie sehr Wohlbefinden und -ergehen des Menschen davon abhängen, ob in den Lebensgestaltungen jene kosmischen Rhythmen berücksichtigt oder ignoriert werden, die allen Erscheinungen des Lebens zugrunde liegen. Aufgrund vielfältiger Erfahrungen erkennen wir hier schnell einen Bereich, dessen Bedeutung nicht unterschätzt werden sollte. Bezüglich der Tagesgestaltung beispielsweise weiß jeder Mensch, wie wichtig ein ausgewogenes Verhältnis von Schlaf- und Wachzeiten ist. Auch von der Qualität von Wochentagen und Tageszeiten kann man sich einfach überzeugen, indem man bedenkt, wie verschieden sich die einzelnen Tage und Tageszeiten für unser Zeiterleben und unsere Leistungsfähigkeit »anfühlen«.

Grundsätzlich gilt, dass ein Leben im sprichwörtlichen Einklang mit der Natur leichter fällt und darum gesünder ist als das weitgehend von natürlichen Ordnungen und Zeitstrukturen separierte Leben in einer Großstadt. Dem liegt zugrunde, dass die Rhythmik der Umgebung immer auch die Rhythmik der Lebensprozesse im eigenen Leib erreicht, wobei für beide gleiche Zahlenverhältnisse gelten. Je besser es gelingt, die verschiedenen Rhythmen harmonisch aufeinander zu beziehen, desto gesünder verläuft unser Leben. Dabei ist auffällig, dass es im Verhältnis verschiedener Organsysteme zueinander im Idealfall um gleiche Zahlenverhältnisse geht (so beträgt etwa das Verhältnis vom Rhythmus des Zwölffingerdarms zur Magenperistaltik 4 : 1, also genauso wie beim Verhältnis von Pulsschlag zu Atmung).

»Die nähere Untersuchung des Zusammenwirkens rhythmischer Funktionen in diesem Bereich hat ergeben, dass […] sie in unmittelbaren Wechselwirkungen auftreten, indem bestimmte Phasen zu optimalen Ko-Aktionslagen zusammengekoppelt werden. […] Diese

Ordnung ist hier aber sehr labil. Immer wenn Leistungsanforderungen an die Funktionen gestellt werden, wird die Ordnung mehr oder weniger abgeschwächt oder gar aufgelöst und muss dann in Ruhe und Erholung immer wieder regeneriert werden. [...] Während der Nacht streben alle Kurven auf einen engen Bereich zusammen, der der einfachen ganzzahligen Norm des Puls-Atem-Quotienten von 4 : 1 entspricht. Auch weitere Rhythmen des Kreislaufes ordnen sich im Verhältnis 4 : 1.«[28]

Die Rhythmen der verschiedenen Organe und Organsysteme bewirken ein inneres Zeitgefühl, das so präzise sein kann, dass es dem Menschen sogar möglich ist, minutengenau zu einer vorgenommenen Zeit aus dem Schlaf zu erwachen, ohne sich dafür eines Weckers bedienen zu müssen. Dieses Phänomen, das vom Mediziner Günter Clauser ausführlich untersucht wurde, belegt ein biologisch begründetes, sehr präzises Zeitverhalten, das auch für Tiere und Pflanzen nachgewiesen werden kann und darauf beruht, dass die körpereigenen Rhythmen einzelner Lebewesen im kleinen jene Rhythmen abbilden, die das Leben auch in größeren Zusammenhängen bestimmen. Auch die Dauer von Heilungsprozessen liefert davon einen Eindruck:

»Die eigentlichen Heilungsprozesse, die langfristige Anpassungsvorgänge des Organismus oder immunologische Abwehrleistungen erfordern, sind überwiegend durch etwa siebentägige Perioden (sog. Circaseptanperioden) gegliedert, deren Amplituden in der Regel im Laufe von mehreren Wochen gedämpft ausklingen. Der Organismus stützt sich dabei auf eine Zeitstruktur, die im harmonisch-ganzzahligen Verhältnis 1 : 4 zur Lunarperiode, d.h. zum Rhythmus der Fruchtbarkeit, steht. Je nach der Intensität der Reaktionen sind auch 14-tägige und 21-tägige Periodendauern beobachtet worden. Die siebentägige Grundstruktur von Krankheits- bzw. Heilungsverläufen ist bereits den Ärzten der Antike bekannt gewesen (sog. Hebdomadenlehre; vgl. Hildebrandt und Bandt-Reges 1988). [...] Sie gehören somit dem Bereich zyklischer Zeitgestalten an, die letztlich verinnerlichte kosmische Umweltordnungen darstellen.«[29]

Etwas anderes ist gegeben, wenn der natürliche, kontinuierliche Zeitfluss durch die Leistung des menschlichen Bewusstseins gleichsam gestoppt wird. Darauf beruht die psychische Präsenzzeit, die gewöhnlich einer Zeitspanne von zwei bis sechs Sekunden – also der Dauer eines Atemzuges – entspricht. In einer solchen Zeitspanne wird sich der Mensch eines in sich geschlossenen Eindrucks gewahr: Formen und Farben werden als Bild einer Landschaft erkannt, viele Töne als musikalische Komposition. Die psychische Präsenzzeit markiert »die Dauer des Jetzt bzw. die Gegenwart des Gegenwärtigen«.[30] Willkürlich können wir für unser Bewusstsein sogar größere Zeiteinheiten – einen Tag, eine Woche, ein Jahr oder Jahrzehnt – zu einem »Erlebnis des Gegenwärtigen« umgestalten, also zu einer eigenen »Zeitgestalt« werden lassen. Eben diese Fähigkeit ermöglicht die betrachtende Vergegenwärtigung von sieben Generationen.

Die Zahl Sieben

Warum wurde von den Haudenosaunee ausgerechnet die Zahl Sieben gewählt, um etwas für die Verbundenheit von Generationen Wesentliches auszudrücken? Auch außerhalb der Analogie der Haut findet sich die Siebenzahl in den Ordnungen von vielen Bereichen des Lebens, was darauf zurückgeführt werden kann, dass mit dieser Zahl ein Grunderlebnis der Harmonie verbunden ist: Jede Tonleiter besteht – in den traditionellen europäischen heptatonischen Systemen – aus sieben Tönen, die in bestimmten Abständen zueinander angeordnet sind, und in denen sich der erste Ton in der Oktave auf der achten Stufe wiederholt.

Ließe sich jede siebenzahlige Ordnung als harmonische Folge verstehen? Gleichgültig, ob es sich dabei um Wochentage, Generationen oder anderes handelt, können besondere Akkorde »gehört« werden. Wenn man so will, kann die Erfahrung eines einfachen Dreiklangs aus Grundton, Terz und Quinte also ähnlich erlebt werden wie der Zusammenklang einer bestimmten Generationenfolge. Der Arzt und Naturforscher Gotthilf Heinrich Schubert ging diesen Zusammenhängen auf den Grund und schrieb im 19. Jahrhundert:

»Diesen sinnvollen Siebenklang wiederholt dann auch die bildende und lebendig wirkende Kraft in den Raum- wie in den Zeitverhältnissen des Planetensystemes beständig von neuem, und wenn sie auch zuweilen einen andern, harmonisch verwandten Akkord gegriffen, so kehrt sie doch immer wieder zu jenem Grundton zurück. [...] Auf dieselbe Weise wird, wie in den Raum-, so auch in den Zeitverhältnissen der Entwicklungsgeschichte des Menschenleibes und seiner inneren Lebensbewegungen im kranken wie im gesunden Zustande eine Abteilung durch Sieben in großer Beständigkeit gefunden, und die Wichtigkeit der sieben- und viermal siebentägigen, der siebenjährigen und anderer harmonisch hiermit verbundener Perioden in der Naturgeschichte des Menschen ist von den Naturforschern wie von den Ärzten in großer Allgemeinheit anerkannt worden. [...] Ein Hindurchgehen und beständiges Wiederholen der hehren Siebenzahl durch das ganze Reich der Sichtbarkeit bis zur harmonischen Stufenleiter unserer Töne, unserer Farben, Gestalten und Ordnungen der Lebensbereiche, ja bis zu den Intervallen des Raumes und der Zeiten des Planetensystemes und des Menschenleibes, lässt uns vermuten, dass jene Zahl gleichsam eines der Namenszeichen, eine hyroglyphische Andeutung jenes Wesens sei, durch dessen Kräfte die ganze Sichtbarkeit geschaffen und gestaltet ist, so wie noch jetzt beständig erhalten und bewegt wird.«[31]

Aber es ist nicht allein die Erfahrung einer Harmonie, die durch eine der Zahl Sieben folgenden Ordnung vermittelt wird. Es sind, wenn man die Zusammenarbeit von Menschen in Teams von idealer Größe organisiert, sogar offensichtliche Leistungssteigerungen möglich. Als die IBM im Jahr 1964 daran ging, ein Betriebssystem zur elektronischen Stapelverarbeitung zu entwickeln, stand man vor der herausfordernden Aufgabe, dem gewünschten Multitasking mit einem Multiprocessing zu begegnen. Der Programmieraufwand war enorm. Zur Spitzenzeit arbeiteten über 1.000 Menschen in unterschiedlichen Funktionen daran, so dass zwischen 1963 und 1966 etwa 5.000 Mann-Jahre auf das Projekt verwendet wurden. Die Frage war, ob die gleiche Arbeit von zum Beispiel 200 Menschen in 25 Jahren erledigt worden wäre. Lässt sich die Arbeitszeit eines Teams so kalkulieren oder liegen dem Zusammenarbeiten von Menschen andere Regeln zugrunde, die sich in neuen, bisher unbekannten Organisationsmustern abbilden lassen?

Harlan D. Mills, ein ehemaliger Bomberpilot und Fluglehrer, entwickelte bei IBM seinerzeit die Möglichkeiten der strukturierten Programmierung, die er in Teams erledigen ließ, für die er die ideale Größe von sieben Mitgliedern entdeckt hatte. Wenn sieben – nicht sechs oder acht – Menschen zusammenarbeiten, sind die Ergebnisse nicht nur schnell verfügbar, sondern auch qualitativ am besten. Das Effizienz-Resilienz-Optimum kann von so einem Team am ehesten erreicht werden. Das Leistungsoptimum ergibt sich durch ein Team von sieben Mitgliedern, das wie ein eigenes »Organ«funktioniert, das einem einzelnen menschlichen Gehirn weit überlegen ist.

TEIL III:
PRAKTISCHE ASPEKTE

Erweitertes Bewusstsein

Die sich zunehmend verändernde, kritische Lage, in der sich die Welt und damit auch wir Menschen uns befinden, bewirkt einen Bewusstseinswandel. Indem wir uns mit den Folgen unserer Lebensweise konfrontiert sehen, beginnen wir, genauer und tiefer nach ökologischen Zusammenhängen zu fragen.

Offensichtlich nimmt dadurch die Zahl derer zu, die ein Engagement für Welt und Leben für sinnvoll erachten. Mittlerweile glauben etwa 30 Prozent der Menschen daran, dass sie Einfluss auf die Welt und den Gang der Dinge haben.[1] Das ist ganz sicher Ausdruck einer Entwicklung, die überdies durch jeden einzelnen Menschen verstärkt werden kann. Befinden wir uns möglicherweise am Beginn einer neuen Zeit und Kultur, die wir als Menschengemeinschaft sehr viel weitreichender als noch in früheren Zeiten engagiert und aktiv miterschaffen können?

Krisen entzünden sich immer an der Spannung zwischen einer Ist-Situation und einem Soll-Zustand: Die Welt könnte eigentlich ganz anders sein… Darin erleben wir in ein und demselben Moment den Anblick der Gegenwart und den Ausblick auf eine mögliche Zukunft. Problematisch wird es, wenn wir uns vom Anblick der Gegenwart gefangennehmen ließen, indem wir die Bedeutung und Realisierbarkeit der Zukunft nur deshalb unterschätzen, weil wir uns nicht zutrauen, das eigentlich Mögliche zu vollbringen. Darin liegt die eigentliche Schwachstelle: Wir wissen viel über Ist und Soll, aber handeln nicht entsprechend. Nur zu oft unterschätzen wir die Möglichkeit, dass wir im Bemühen um eine Lösung über uns selbst hinauswachsen und Fähigkeiten entwickeln können, die für uns vorher noch unvorstellbar waren. Zusammengefasst geht es dann bestenfalls um einen Prozess, der über Etappen führt, die wir alle recht gut kennen: Wir bemerken,, was für eine gute Zukunft getan werden müsste, bemühen uns um die Entwicklung ganz neuer Ideen und Fähigkeiten, beschreiten dafür bislang unbekannte Wege, wodurch wir schließlich die Aufgabe verstehen und die Lösung wagen.

Eindeutig geht es bei allen Veränderungen nicht nur um die Verhältnisse in der äußeren, von Menschen gestalteten Welt, sondern auch um solche des Bewusstseins. Dass mit letzterem Wohl und Wehe der Welt offensichtlich aufs engste verbunden sind, lehrt schon die Evolutionsgeschichte, denn erst mit der Entwicklung des Großhirns und des Kortex wurde das menschliche Bewusstsein zur Selbstreflexion fähig. Zum Wissen um äußere Zustände und Vorgänge – sogar noch im traumerfüllten Schlaf – sowie der Fähigkeit zu Überlegung und Absicht kam ein generationenübergreifendes Bewusstsein und das Wissen vom eigenen Selbst hinzu. Erst durch diese einzigartige Fähigkeit des Menschen wurde das völlige Neuschaffen aus gegebenen Bedingungen und das Handeln aus frei gefassten Gedanken möglich.

»Ein wichtiges Merkmal bewusster Wesen ist die Fähigkeit, von der Welt, die sie erfahren, innere Modelle zu bilden; je größer das Bewusstsein, um so komplexer die Modelle. [...] Beim Menschen erreichte die Evolution des Nervensystems eine Stufe, wo das Realitätsmodell derart komplex wurde, dass er das eigene Selbst – den ›Modellbauer‹ – in das Modell mit einbeziehen musste. Mit diesem Selbstbezug setzte das selbstreflexive Bewusstsein ein. Wir erfahren die Welt um und in uns ja nicht nur, sondern wissen auch um unser Sein in ihr und sind uns dieses Bewusstseins bewusst. Wir wissen, dass wir wissen. [...] Wir sind in der Lage, uns eine beliebig alternative Zukunft vorzustellen und uns zu entscheiden, sie herbeizuführen.

Ja, wir vermögen uns sogar Unmögliches vorzustellen. Ferner können wir hier sitzen und über den gesamten Evolutionsprozess staunen, der Schritt für Schritt zu uns allen geführt hat, zu mir und zu Ihnen, zu Farmen und Fabriken, Autos und Computern, zu Menschen, die auf dem Mond spazieren gehen, zum Taj Mahal, zum ›Kaiserquartett‹ und zur Relativitätstheorie.«[2]

Wenn wir Menschen aber schon seit geraumer Zeit prinzipiell dazu in der Lage sind, uns jede beliebige Zukunft vorzustellen, hätten sich dann die Menschen früherer Zeiten das Heute vorstellen können? Hätten sie es geglaubt, wenn jemand ihnen davon erzählt hätte? Und wie weit »sehen« wir in die Zukunft? Wie weitreichend machen wir uns Bilder davon? Und wie weit dehnen wir dabei unser Gefühl von Verantwortung aus? Auf der Suche nach Antworten auf diese Fragen können wir den Horizont des Bewusstseins erweitern.

Die immer gründlichere Erforschung der seelisch-geistigen Natur des Menschen führte seit Beginn des 20. Jahrhunderts über die Entwicklung der Psychologie schließlich auch zu einer Renaissance spiritueller Techniken der Bewusstseinserweiterung und Persönlichkeitsentwicklung. Carl Gustav Jung beispielsweise suchte in seiner analytischen Psychologie nach einer Verbindung seiner wissenschaftlichen Forschungen mit den Weisheiten früherer Kulturen. Damit steht er exemplarisch für eine stetig zunehmende Zahl an Wissenschaftlern, die sich darum bemühen, die enge, rationalistische Sichtweise zu erweitern, weil sie davon ausgehen, nur dann die Wirklichkeit in Gänze erfassen zu können. So könnte die Gegenwart als Zeit der Krise den Beginn einer Entwicklung markieren, in der alte spirituelle Weisheiten gleichviel die Wissenschaft und das allgemeine Leben bereichern. Durch den damit einhergehenden Wandel des Bewusstseins können wir die wichtigsten Herausforderungen der Gegenwart in erweiterten Kontexten verstehen und adäquat handhaben lernen.

Das Ätherische

Im Sinne der Weisheiten der Haudenosaunee kann die gegenständliche Welt von einer Lebenskraft durchdrungen erlebt werden, die in den indigenen Kulturen allgemein als Orenda bezeichnet wird. Von einer solchen Kraft ist auch in manch anderen, alten Kulturen immer wieder die Rede gewesen.

In der altägyptischen Mythologie sprach man im Blick auf den Menschen vom »Ka«, womit ein Leib gemeint war, der von anderer Substantialität ist und darum den physischen Tod überdauert. Im Buch Genesis[3], das ab ca. 1000 v.Chr. entstand, ist von einer besonderen Kraft, der »râqîa°« (gesprochen »Rakia«) die Rede. Martin Luther übersetzte Rakia als »Feste«, worunter er das Firmament als Trennschicht zwischen der irdischen und der geistigen Welt verstand, die Gott zwischen Himmel und Erde gesetzt hat. Im alten Griechenland sprach man vom »Äther« (Αἰθήρ) als einer Kraft, die allem Lebendigen form- und gestaltgebend zugrunde liegt. Man verortete sie am blauen Himmel, den man überdies als einen Bereich des Übergangs zwischen der diesseitigen und jenseitigen Welt verstand, an der die Seelen der Verstorbenen aufsteigen, während ihre Leiber in den Schoß der Gaia, der personifizierten Erde herabsinken. Solche Vorstellungen finden sich im 16. und 17. Jahrhundert variiert in den medizinischen Vorstellungen von Paracelsus und Johan Baptista van Helmont, die von einer »Archäus« genannten Kraft als Urprinzip allen Lebens ausgingen.

Für unser heutiges Verständnis können wir solche überlieferten Vorstellungen zum Anlass nehmen, neben der gegenständlichen, den Sinnen zugänglichen Welt formgebende, alles durchdringende Kräfte anzunehmen, die Grundlage allen Lebens sind. Von diesen Kräften entwickelt man eine erste Ahnung, wenn Einzelheiten stets vom Gesamtzusammenhang aller Erscheinungen ausgehend betrachtet werden, weil dadurch die Wirklichkeit *qualitativ* anders verstanden wird. Unter diesem Vorzeichen ergibt nicht erst die Summe der Einzelheiten das Ganze, also den Gesamtzusammenhang. Letzterer erscheint vielmehr als ursprüngliche Einheit, aus der alle Einzelheiten als Variationen verständlich werden. Denn: »Nicht das vorgestellte System ist ja die Einheit, sondern der Begriff, der sich darin verbirgt.«[4]

Um einem Verständnis des Gemeinten näher zu kommen, können die Lebenskräfte, respektive der in allen Einzelheiten gegenwärtige Begriff, sogar synästhetisch »musikalisch« erlebt werden, denn alle Proportionen in der Welt finden sich in der Musik wieder. Dort empfinden wir auch »Harmonie«. Insofern kann man die Welt als klingend erleben, auch wenn manche der »Klänge« für das menschliche Ohr nicht hörbar sind. Der Musikjournalist und -produzent Joachim-Ernst Berendt erwähnte in einem seiner Bücher in diesem Zusammenhang eine interessante Entdeckung:

»Ähnlich wie für die Fische galt bis vor wenigen Jahren: Auch die Pflanzen schweigen. Sie wachsen in Stille. Kein Leben ist geräuschloser als das ihre. Inzwischen weiß man, dass es auch hier Klänge gibt. In Israel, England und den USA hat man den Klang einer Rose in dem Augenblick, in dem aus der Knospe die Blüte bricht, mit den Mitteln der modernen fotoakustischen Spektroskopie hörbar gemacht: ein orgelartiges Dröhnen, das an die Klänge einer Toccata von Bach oder an die der ›Ascension‹, der ›Auferstehung‹ für Orgel, von Messiaen erinnert – an genau das also, was man in der abendländischen Orgelmusik als eine ›aufbrechende‹ Folge von Akkorden empfände. [Durch entsprechende Forschungen weiß man], dass auch ein Halm – ein einfacher Getreidehalm auf einem Acker – einen Klang hat. Man muss sich das vorstellen: Viele solcher Halme nebeneinander wachsend – jeder mit seinem eigenen Sound. Es ist eine Sinfonie von Klängen, die da wogt.«[5]

Worum es beim qualitativen Erleben der Welt und der Erfahrung der in ihr wirkenden Lebenskräfte geht, brachte Joseph Freiherr von Eichendorff 1835 in die wunderbaren, dichterischen Worte »Schläft ein Lied in allen Dingen, / Die da träumen fort und fort, / Und die Welt hebt an zu singen, / Triffst du nur das Zauberwort.«[6] Das holistische Erleben der Welt ermöglicht also eine besondere Inspiration, die nicht davon abhängt, dass etwas vorher Gedachtes in einer Beobachtung bestätigt wird. Vielmehr geht es um eine Art Offenbarung, die aus den Gegenständen der Beobachtung selbst hervorgeht. Wir sahen bereits, dass und wie Goethe genau darum bemüht war: Insbesondere während seiner Reise nach Italien im Jahr 1787 ging er seinen Gedanken an eine »Urpflanze« nach.

»Am 17. April schreibt er [Goethe] in Palermo von der Urpflanze die Worte nieder: ›Eine solche muss es doch geben: woran würde ich sonst erkennen, dass dieses oder jenes Gebilde eine Pflanze sei, wenn sie nicht alle nach einem Muster gebildet wären.‹ Er hat im Auge den Komplex von Bildungsgesetzen, welcher die Pflanze organisiert, sie zu dem macht, was sie ist und wodurch wir bei einem bestimmten Objekte der Natur zu dem Gedanken kommen: Dieses ist eine Pflanze, das ist die Urpflanze. Als solches ist sie ein Ideelles, nur im Gedanken Festzuhaltendes; sie gewinnt aber Gestalt, sie gewinnt eine gewisse Form, Größe, Farbe, Zahl ihrer Organe usw. Diese äußere Gestalt ist nichts Festes, sondern sie kann unendliche Veränderungen erleiden, welche alle jenem Komplexe von Bildungsgesetzen gemäß sind, aus ihm mit Notwendigkeit folgen.«[7]

Damit ergeben sich Möglichkeiten, das vorherrschende naturwissenschaftliche Verständnis sinnvoll zu erweitern. Auch der britische Physiker Frederick David Peat hatte sich damit befasst:

»Angesichts der Doppelperspektive von Innenwelt und Außenwelt wird jetzt deutlich, dass sich das Wesen der Realität – und sogar das der Materie selbst – niemals erschöpfend mittels irgendeines Forschungssystems erkunden und durch den Verstand nicht vollständig beschreiben lässt. Das hat eine wichtige Konsequenz für die gesamte Bedeutung der physikalischen Gesetze, denn daraus folgt, dass es kein letztes und fundamentales Gesetz geben, noch dass irgendein Gesetz alles erklären kann. Physikalische Gesetze hängen von ihrem Kontext ab und können keine universelle Gültigkeit besitzen, die jeglichem Kontext enthoben ist. […] Versteht man die physikalischen Gesetze auf diese Weise, so ergibt sich, dass das eigentliche Wesen der Dinge in ihrer natürlichen Authentizität liegt und nicht in einem ihnen übergestülpten formalen Erklärungsversuch.«[8]

Die Lebenskraft

Die Aussage, dass in unserer Welt alles miteinander verbunden ist, kann heutzutage jedoch schnell zur unwissenschaftlichen Phrase degenerieren. Zu sehr sind wir es gewohnt, Details genau zu studieren, während wir die Aufmerksamkeit für größere Zusammenhänge vernachlässigen. Daraus folgt eine entsprechend beschränkte Art des Handelns. In der Ausbildung unserer Kinder zum Beispiel konzentrieren wir uns auf die sogenannten konkreten Fähigkeiten, oder Krankheiten werden oft nur aufgrund der Kenntnis von einer begrenzt auftretenden Symptomatik behandelt. Dabei könnten wir in der Pädagogik vor allem darum bemüht sein, der Entwicklung des ganzen Menschen zu Diensten zu sein – woraus sich die Ausbildung konkreter Fähigkeiten sekundär als Resultat ergibt. Auch Krankheiten würden wir unter der Voraussetzung einer ganzheitlichen Betrachtungs- und Handlungsweise anders, nämlich systemisch verstehen, wodurch wir nicht nur Symptome kurieren. Stattdessen würde mit jedem medizinischen Eingriff in erster Linie die allgemeine Gesundheit gefördert bzw. so gut es geht wieder ermöglicht werden.

Ein holistisches Welterleben muss keineswegs unwissenschaftlich sein. Es kann vielmehr dazu führen, dass die Verfestigung disziplinärer Grenzen überwunden wird. Das entspricht dem Wesen einer wissenschaftlichen Ökologie, wie sie bereits von Alexander von Humboldt im 19. Jahrhundert betrieben wurde.[9] Die wissenschaftlichen Erkenntnisse, die in diesem Sinne durch interdisziplinäre Zusammenarbeit gewonnen werden können, beziehen sich auf Zusammenhänge, die jedem Menschen unabhängig von seiner wissenschaftlichen Bildung potentiell zugänglich sind. Eine solche elementare Erfahrung der Lebenskräfte kann bis zur Erkenntnisqualität gesteigert werden, wenn wir beispielsweise systematisch untersuchen, was wir als »stimmig« oder »harmonisch« empfinden. Das kann sich auf jeden Gegenstand der Wahrnehmung beziehen, ob belebt oder nicht. Insofern wir solche Eindrücke nicht als bloß subjektiv abtun, entdecken wir, dass unser Empfinden von Schönheit und Harmonie beispielsweise von ganz bestimmten Maßverhältnissen abhängt, die in der natürlichen Welt immer eine entscheidende Rolle spielen.[10] Solche Gesetzmäßigkeiten – die, wie bereits erwähnt, in gleicher Weise auch im Musikalischen aufzufinden sind – können chronobiologisch erforscht und humanmedizinisch angewendet werden.[11] Daran sieht man, dass es eben nicht bloß bei einem persönlichen Empfinden bleiben muss, sondern dass es zuletzt um praxisrelevante Erkenntnisse geht.

Wenn wir also konsequenterweise davon ausgehen, dass Leben nicht bloß Ausdruck einer Funktion ist, sondern für sich selbst besteht, können wir uns vorstellen, dass es ebenso erscheint wie das Licht: Licht ist eigentlich unsichtbar und wird erst dann »sichtbar«, wenn es auf Materie trifft. Im Hintergrund des dauernden Wandels muss eine Idee zu finden sein, aufgrund der sich alles Wandelnde ausrichtet, um wiedererkennbar zu bleiben. Das kann anhand einer interdisziplinären Übersicht erkannt werden, in der potentiell eben noch mehr als die bloß materielle Außenseite der Dinge, Wesen und Erscheinungen, nämlich das Leben selbst, in den Blick genommen wird.

Mentale Räume und kollektives Bewusstsein

Nicht nur für die äußerlich sichtbare Welt gilt, dass Formen, Gestalten und Lebensprozesse auf Ideen beruhen, die als Lebenskräfte verstanden werden können. Das Wirken ätherischer Kräfte kann auch bezüglich der inneren, seelisch-geistigen Welt erlebt werden, denn der Mensch vermag es, seine eigenen Gedanken mit denen vorangegangener Generationen zu verbinden und dabei Ideen zu finden, die er durch seine Taten mit dem von ihm selbst gewollten und bewusst beeinflussten Teil der Evolution verbindet. In eine solche Sukzession findet sich im besten Sinne das freie, selbstbestimmte Handeln des Menschen eingebettet.

Wir haben bereits darauf geschaut, dass die Konstellation von sieben Generationen im Sinne der Haudenosaunee ganz real, eben nicht bloß als gedankliche Abstraktion verstanden werden darf. Jeder Mensch lebt und wirkt darin wie ein Kristallisationskeim.

Dem Verständnis dieses Phänomens kann man sich nähern, wenn man bedenkt, dass man sich in jedem Handeln mehr oder weniger bewusst auf einen originellen, persönlich-historischen Kontext bezieht. Ebenso werden Erfahrungen mit etwas im Bewusstsein bereits Präsentem abgeglichen, wodurch wir Wirklichkeit erst erleben. Das bedeutet vereinfacht: Was wir nicht in irgendeiner Weise bereits »kennen«, vermögen wir nicht zu »er-kennen«, was uns auf einen mentalen Raum hinweist, in dem wir faktisch existieren. Und es gilt stets: »Je vielschichtiger die Struktur dieses mentalen Raumes wird, desto besser können Sie verstehen und einordnen, was im Augenblick gesagt wird.«[12]

Der französische Linguist und Kognitionswissenschaftler Gilles Fauconnier hat sich intensiv mit der Theorie mentaler Räume beschäftigt, indem er untersuchte, wie und aus welcher »Umgebung« Menschen die Fähigkeit des Erkennens und der Inspiration schöpfen. Für den Vorgang der Kombination einer mental erfassten Idee mit den Zusammenhängen des alltäglichen Lebens verwendete er den Begriff »bisociation of matrices«,[13] der in den 1960er-Jahren durch Arthur Koestler geprägt worden war.[14] Besonders deutlich, so Fauconnier in Anlehnung an Koestler, lässt sich diese kreative Verknüpfung von Konzepten beispielsweise anhand von Analogien, Metaphern, Gleichnissen und Allegorien nachvollziehen. Insofern das Verständnis von deren Aussage immer vom Rückbezug auf besagten mentalen Raum abhängt, von dem für den Menschen fortwährend Wirkungen ausgehen, prägen Ereignisse den Menschen nicht nur einmal – im Moment ihres Geschehens –, sondern fortwährend. Was im mentalen Raum ist, bleibt unabhängig von Zeit und Raum stets gegenwärtig.

Wenn man sich das nur als irgendwie in der Erinnerung gespeichertes Erfahrungswissen vorstellt, wird man dem Phänomen nur zum Teil gerecht. Ein holistisches Erleben eröffnet dagegen den Eindruck von einer besonderen Dimension, in der Tatsachen für sich genommen auf- und miteinander wirken. Geistige Inhalte würden dann auch in Ordnungen erscheinen, wie sie gegenwärtig anhand der Zusammenhänge in der materiellen Welt erstmals naturwissenschaftlich erfasst werden. Der US-amerikanische Physiker und Nobelpreisträger Frank Anthony Wilczek zum Beispiel äußerte sich in einem Interview zur Schönheit in der Physik, indem er sagte:

»Ist es zum Beispiel nicht überwältigend, dass die Gleichungen, die Atome beschreiben, denjenigen für den Klang von Musikinstrumenten ähneln? Nur, dass bei einer Geige oder einem Klavier Schwingungen von Saiten und Resonanzboden Schall erzeugen. Bei Atomen dagegen ist das, was vibriert, abstrakter. Hier sind die Schwingungen mit den Farben des Lichts verbunden, das ein Atom aussendet oder absorbiert. Dies ähnelt im Übrigen sehr den Ideen, die schon Pythagoras im Sinn hatte, als er in den Bewegungen der Planeten eine Sphärenmusik zu erkennen glaubte. In der Tat kreisen die Elektronen um den Atomkern ähnlich wie die Planeten um die Sonne.«[15]

Die Welt im Wandel

Für die allgemeine Art des Welterlebens besteht die Schwierigkeit, dass wir es gewohnt sind, die Welt bevorzugt als geworden zu erfahren. Für das sich dauernd Verändernde fehlen uns hingegen adäquate Vorstellungen.[16] Wir gehen immer von einem konkreten, augenfälligen Zustand einer Sache oder eines Lebewesens aus, statt von einem Zyklus dauernder Wandlung. Für das Gewordensein verfügen wir über passende Begriffe, für das Ganze einer Erscheinung – also seiner zusammengenommenen Vergangenheit, Gegenwart und Zukunft – hingegen zunächst nicht. Darin liegt die Herausforderung für einen Bewusstseinswandel, wie er sich heutzutage abzuzeichnen beginnt und der uns offensichtlich einiges abverlangt.

Prinzipiell gründet unser Lebensgefühl auf der Erwartung von immer gleichbleibenden und verständlichen Umständen. Uns in Sicherheit wiegend, sind wir davon überzeugt, dass die Welt morgen grundsätzlich noch genauso sein wird wie heute. In Wirklichkeit verhält es sich allerdings so, dass einfach alles sich dauernd verändert und wir Heutigen uns – besonders angesichts des täglichen Zuwachses an Wissen, damit verbundenen Möglichkeiten und faktisch eintretenden Veränderungen – permanent um Anpassungsprozesse zu bemühen haben.

Wenn wir verstanden haben, dass in den sich immer schneller verändernden Lebensverhältnissen bisher gekannte Erkenntnisse und gewohntes Recht nicht für immer und ewig tragen, bedarf es neuer Denkformen und Erklärungsweisen. Der ausgelöste Prozess schafft Raum für eine Sichtweise, die zugleich zu einem veränderten Verhältnis zur persönlichen Verantwortung führt. Denn weil sich das bisher Beständige und verlässlich Tragende immer schneller aufzulösen beginnt, kommt es in jeder konkreten Situation mehr denn je auf jeden einzelnen Menschen an!

Das Wissen um dauernde Veränderungen ist für sich genommen aber noch nicht das Ziel; es geht vielmehr um ein darauf gegründetes bewusstes Verhältnis zu Welt und Leben, das vom Menschen selbst als solches gewollt wird. Naturwissenschaftliche Forschungen und Erkenntnisse führen zwar zu neuen Einsichten, Fragen und Ideen. Um aber die Zusammenhänge in Welt und Leben in ihren Tiefen auch spirituell erfassen zu können, genügt das noch nicht. Ken Wilber zeichnet den Spannungsbogen nach, indem er ausführt:

»Chaostheorie, Komplexitätstheorie, Systemtheorie oder Quantentheorie – für keines dieser ›neuen Paradigmen‹ müssen Wissenschaftler eine kontemplative oder meditative Haltung einnehmen, weshalb diese Paradigmen aber auch keine unmittelbare spirituelle Erkenntnis vermitteln können. Sie sind einfach neue verstandesmäßige Vorstellungen, die an Sinneswahrnehmungen gekoppelt sind; sie sind keine transmentale Kontemplation, die das Göttliche offenbart.«[17]

Dieses Dilemma ist unter anderem darin begründet, dass vorherrschende Deutungsmodelle entweder auf angenommenen Teleologien oder auf Kausalitäten aufgebaut sind.[18] Bemerkenswerterweise beruhen Lebensvorgänge aber weder nur darauf, zielorientiert zu sein, noch entfalten sie sich bloß aufgrund der Verkettung von Ursachen und Wirkungen. Es geht vielmehr immer auch um ein Drittes, nämlich um die Korrelationen. In ihnen fallen Bedingungen und Wirkungen zeitlich zusammen. Das metamorphische Ganze, also die Erscheinung eines Wesens in allen Stufen der Wandlung, tritt zu allen anderen Erfahrungen der Wirklichkeit hinzu. Dazu führt der Evolutionsbiologe Wolfgang Schad aus:

»Es kann nicht mehr nur nach kausalen oder teleologischen, sondern es muss primär nach den *gleichzeitigen Zusammenhängen der Erscheinungen* gefragt werden. Tritt das eine Phänomen auf, so tritt notwendig zugleich das zweite mit ihm zusammenhängende auf. Dass sich zwei Phänomene so gegenseitig bedingen und fordern, dass beide gemeinsam auftreten und wiederum dadurch fähig sind, sich gegenseitig zu erklären, ist der biologische Fundamentalvorgang aller Organismen. [...] Bei lebenden Erscheinungen ist nie festzustellen, dass ein Phänomen allein eine Wirkung ausübt und ein anderes lediglich die Auswirkungen dann zeigt. Es handelt sich höchstens um ein Mehr oder Weniger an gegenseitiger Einflussnahme. Im reinen Falle ist der wechselseitige Zusammenhang so ausgewogen, dass Bedingung und Auswirkung identisch werden. Die Unterscheidung beider Begriffe wird dann irrelevant: Man hat es nur noch mit echten Korrelaten zu tun. Dadurch besteht zwischen allen Gliedern eines Organismus ein in jedem Moment existierender Zusammenhang, dessen augenscheinliche Evidenz wir als Leben bezeichnen. Nur durch diesen *gleichzeitigen Zusammenhang* erscheint uns ja jeder Organismus immer als Ganzheit. [...] Das Wort ›Korrelation‹ wird hier also nicht, wie es oft geschieht, für einen noch nicht kausal analysierten Zusammenhang verwendet, sondern für einen *simultan sich wechselseitig bedingenden*. [...] Die natürliche Welt ist also nicht mit *einer* Denkweise erklärbar; dann wäre sie schematisch. Aber sie ist auch nicht nur dualistisch; dann bestände sie nur aus Widersprüchen. Außer den kausal-abrollenden und den seelisch-zielgerichteten Vorgängen gibt es in ihr einen Bereich, der zwischen beiden steht, ihre Dualität durch seine aktive Gegenwart vermittelt und sie verbindet, ohne sie zu beseitigen: der Bereich des Ätherischen. Er vermittelt in der Natur zwischen ihrer toten und beseelten Seite.«[19]

Ökologische Dimension

Es war ein weltgeschichtlich bedeutendes Ereignis, als der Zoologe Ernst Haeckel im Jahr 1866 in seinem Buch »Generelle Morphologie der Organismen« den Begriff »Ökologie« (altgriechisch οἶκος, *oikos* »Haus«, »Haushalt« und λόγος, *logos* »Lehre«; also »Lehre vom Haushalt«) vorstellte und wissenschaftlich definierte.[20] Natürlich wusste man vorher schon »von den Beziehungen des Organismus zur umgebenden Außenwelt«, denn man betrieb schon seit langer Zeit eine Garten- und Landwirtschaft, die derlei Zusammenhänge berücksichtigte. Aber nun begann man, es zu denken und systematisch zu erforschen. Dabei ging es zunächst ausschließlich darum, zu untersuchen, wie und mit welchen Folgen Lebewesen durch ihre Mitwelt beeinflusst werden. Die heutige Konnotation, dass mit dem Begriff »ökologisch« ein umweltschonendes Verhalten gemeint ist, entwickelte sich erst später. Dennoch wurde ab der zweiten Hälfte des 19. Jahrhunderts mit der wissenschaftlichen Ökologie als Teilbereich der Biologie einer neuen Sichtweise auf die Welt – insbesondere auch auf ihren durch Menschenhand veränderten Teil – der Boden bereitet.

Wenn der Mensch einen maßgeblichen Einfluss auf das ökologische Gefüge seiner Mitwelt auszuüben vermag, und wenn man diese Wirkung genau erforschen kann, dann, so erkannte man bald, lassen sich so gewonnene Erkenntnisse auch gezielt anwenden. Infolge der Industrialisierung stieg die Lebenserwartung der Menschen, zugleich wuchsen die Städte und der Konsum nahm zu. Beispielsweise mussten immer mehr Menschen mit Nahrungsmitteln versorgt werden, was zu einem sich rasch zuspitzenden Problem wurde. So entwickelte Justus Liebig Mitte des 19. Jahrhunderts die künstlichen Düngemittel, die einen wesentlichen Beitrag dazu lieferten, dass in Deutschland die agrarische Produktion bis zum Beginn des 20. Jahrhunderts zumindest kurzfristig gesteigert werden konnte – was aber zugleich zu einem erhöhten Konsum führte.

Für dieses stark wirkende Phänomen mit großer, bis in die heutige Zeit reichender ökologischer Tragweite prägte der englische Ökonom

William Stanley Jevons seinerzeit den Begriff »Rebound-Effekt«. Der englische Ökonom beschäftigte sich damals mit dem Verbrauch von Kohle, die in den Fabriken der Frühzeit der Industrialisierung zur Befeuerung der Maschinen benötigt wurde. Die Aufmerksamkeit der Ingenieure richtete sich damals darauf, mit besseren Hochöfen produzieren zu können, die mit weniger Kohle die gleiche Hitze lieferten. Der Meinung, dass dann letztlich günstigere Produkte sparsamer produziert werden könnten, hielt Jevons die Vermutung entgegen, dass dann mehr Produkte nachgefragt würden – was im Endeffekt zu einem Mehrverbrauch an Kohle führt. Und genauso kam es auch!

Mittlerweile lässt sich schnell und einfach erkennen, dass ein großer Teil unserer Lebenswelt durch Menschenhand gestaltet wurde. Nur noch wenig ist naturbelassen. Städte, Wälder, Wiesen, Früchte und Gemüse, Straßen, Wege und Häuser, die Maschinen, Werkzeuge und Waffen, alle Gebrauchsgegenstände und Kleidungsstücke sind das Ergebnis von Erfindungsgabe und Fleiß der Menschen. Alles, womit wir uns in unserem Leben so komfortabel eingerichtet haben, spricht zu uns davon, dass und wie weitreichend wir Menschen es vermögen, unseren Gedanken die entsprechenden Taten folgen zu lassen. Darin ist die Welt zu einem Gegenüber geworden, das nach Gutdünken gestaltet werden kann. Prinzipiell scheint alles möglich zu sein, wenn es nur gelingt, natürlich Gegebenes dem eigenen Willen zu unterwerfen.

In der Anwendung dieses Denkens ist der Mensch bis zu einem sehr hohen Grad ausgesprochen erfolgreich geworden. Aber es liegt diesem einen Pol der Aufmerksamkeit eine Separierung von Welt und Mensch zugrunde, die eben auch dazu führt, dass durch den Menschen so viele ökologische Probleme geschaffen wurden und werden. Andererseits sollten wir nicht übersehen, dass in dieser Separierung eine der Grundlagen unseres Selbstbewusstseins verwurzelt ist: Wir erfahren die Welt unter diesem Vorzeichen als Umgebung, als »Umwelt« und nicht (mehr) als Mitwelt, in der wir vollständig integriert leben. So ergibt sich für den Menschen eine gehörige Spannung zwischen dem Drang, die ganze Welt im Sinne der eigenen Zwecke dienstbar zu machen, und jener Sichtweise, nach der alles miteinander verbunden ist. Diese beiden Pole – der selbstbewusste, versierte Mensch auf der einen Seite und die holistisch verstandene Welt auf der anderen – lassen sich nicht leicht verbinden, obwohl genau das die wahrscheinlich wichtigste Aufgabe für uns alle ist. Verstünden wir uns darauf, könnten wir etwas gänzlich Neues, im besten Sinne typisch Menschliches schaffen.

Wir sahen bereits, dass der Mensch unter allen Lebewesen eine Sonderrolle einnimmt, weil es ihm möglich ist, seine Ideen über die natürliche Ordnung hinaus umzusetzen. Die auf den Gebieten von Wissenschaft, Kunst und Religion erreichten Ergebnisse belegen das. In ihren äußersten Steigerungen werden wir uns heutzutage bewusst, dass die Folgen menschlicher Taten die Welt und den ökologischen Gesamtzusammenhang allen Lebens irreversibel verändern. Insofern erwachen wir gerade – meistens aufgrund negativer Entwicklungen – für die an sich großartige Begabung des Menschen, die Natur gleichsam über sich hinaus führen zu können. Denn während auch die schönste Rose stets nur Rose sein und werden kann – das geschieht aufgrund der »natürlichen Ökologie« –, ist es dem Menschen möglich, seine Kräfte mit eigenen Ideen zu verbinden, um etwas der Welt einzufügen, was es ohne ihn noch nicht gab. Das könnte im positiven Sinne als wahrhaft »menschliche Ökologie« verstanden werden.

Denkbare Entwicklung

Im Sinne des Sieben-Generationen-Gewahrseins kommt es darauf an, sich als Grundlage der eigenen Entschlüsse und Handlungen mit Vorangegangenem und Folgendem zu verbinden. Damit wird ein Schritt über die eigenen, augenblicklichen Bedürfnisse hinaus getan. Die eigenen Absichten werden willentlich in einen erweiterten, überpersönlichen Kontext transponiert, so dass Gewordenes und Werdendes im menschlichen Bewusstsein zugleich gegenwärtig sein kann. Damit ist unweigerlich die Übernahme ökologischer Verantwortung verbunden, und zwar aufgrund der erlebten *Wechselwirkung von Bedingungen und Folgen der eigenen Taten*. Was wurde in der Vergangenheit getan und bewirkt, was werden die maßgeblichen Bedingungen und Bedürfnisse in der Zukunft sein?

Im Laufe der Zeit ist der Mensch mehr und mehr zu einem Beobachter geworden, der seine Mitwelt nur noch von außen betrachtet, deutet und schließlich seinen Zwecken dienstbar macht. Diese Erkenntnisart ist im Übrigen so gestaltet, dass ethische Erfahrungen und Erwägungen darin zur bloß subjektiven Tatsache degradiert und damit entwertet werden. Dem gegenüber ist eine andere Erkenntnisart denkbar, in der sich der Mensch auf sich selbst zurückbesinnt, in diesem Falle also die Außenwelt vollständig ausklammert, um auf diese Weise im eigenen Innern Erlebnisse zu finden. Beide Erkenntnisarten sind Extreme, die kein wirklich vollständiges Bild der Welt vermitteln. Es käme vielmehr darauf an, sie miteinander zu verbinden:

»Indem wir unser Erleben selbstlos an der Wahrnehmung entstehen lassen und einen Sinn entwickeln für das, was die Dinge uns sagen wollen, verbinden wir erst die beiden Bestrebungen in heilsamer Weise. Einen solchen Weg hat Goethe gewiesen.«[21]

Tatsächlich eröffnet sich auf diese Weise die Möglichkeit, die Natur nicht nur im Sinne der in ihr wirkenden Naturgesetze zu erkennen, sondern zugleich auch im Zusammenhang mit der Erfahrung von Kräften, die über das bloß Äußerliche und Messbare hinausreichen. Es zeichnet den Menschen aus, diesen Gesamtzusammenhang nicht nur instinktiv fühlen, sondern auch mit klaren Gedanken erfassen zu können.

»Den äußeren Dingen stellen wir uns gegenüber. Wir erfahren in ihnen den Teil der Wirklichkeit, der wir selbst nicht sind. Das bedeutet, wir haben ein Gegenstandsbewusstsein. Indem wir über die Kräfte nachdenken, durch welche Gegenstände äußerlich aufeinander wirken, bringen wir sie in Zusammenhang mit Erfahrungen, die wir am eigenen Leibe mit unseren Gliedmaßen machen. Das sind die irdischen Gesetzmäßigkeiten. […] Verbindet man sich dagegen mit den ganzheitlich, das heißt kosmisch wirkenden Kräften eines Ortes so, dass man auf das hinschaut, was werden will, so hat man zwar kein fertiges Bild, aber man gewinnt Anteil an ihrem Leben. –

So kann die Idee des Ortes, für den man eine Verantwortung übernommen hat, als Ziel gesehen werden, als ein Ganzes, das durch den Menschen mehr und mehr Erscheinung werden will.«[22]

Damit – also im Bewusstsein – beginnt die »menschliche Ökologie«, denn:

»Die Lebenshaltung, die von einer einseitigen Naturwissenschaft ausging, hat durch die Praktiken der Land- und Forstwirtschaft in der Natur die quellend, wuchernden Kräfte einseitig gefördert und sie durch abtötende Maßnahmen zu steuern versucht. Sie ließ mit Industrie und Verkehr eine Unternatur entstehen, die nicht in den Naturzusammenhang eingebunden ist. Sie wirkt isolierend und damit abtötend. Dadurch kommt der Quell der gestaltenden kosmischen Kräfte, welcher durch die Vielfalt der Organismenwelt aufgefangen werden kann, immer schneller zum Versiegen. […] Echte Verantwortlichkeit kann nur entstehen aus Freiheit. Denn dort, wo man sich nur nach äußeren Gesetzen richtet, überlässt man dem Gesetzgebenden die Verantwortung. Das Auseinanderfallen von äußerer Naturgesetzlichkeit und moralischem Erleben war notwendig zum Erringen der Freiheit. – Aber Verantwortung entsteht auch nur dort, wo man sich mit einem Ganzen verbindet, dessen Zusammenhang man begreift. Was wir brauchen ist also eine Erkenntnisweise, in der uns jeweils die Ganzheit bewusstwird, mit der wir es zu tun haben.«[23]

Der Biologe Jochen Bockemühl, von dem die zuletzt wiedergegebenen Zitate stammen, beschäftigte sich als Goetheanist und Anthroposoph intensiv mit dieser neuen Erkenntnis- und Denkart, und zwar zu einer Zeit, in der vor dem Hintergrund der sich immer weiter zuspitzenden ökologischen Misere vielerorts immer häufiger von einem notwendigen – und möglichen – Wandel des Bewusstseins die Rede war. Besonders durch den Bericht des Club of Rome über »Die Grenzen des Wachstums«, der 1972 veröffentlicht worden war, wurde dem ökologischen Gedanken breite Aufmerksamkeit verschafft. Anhand von Computersimulationen hatten die Forscher aufgezeigt, dass die Grenzen des Wachstums der Weltwirtschaft in etwa 100 Jahren erreicht sein könnten und welche einschneidenden, ökologischen Folgen und Gefahren damit verbunden sein würden. Bezüglich der dringend notwendigen Schritte war in diesem Bericht auch von einem Wandel des Bewusstseins die Rede.

»Unsere gegenwärtige Situation ist so verwickelt und so sehr Ergebnis vielfältiger menschlicher Bestrebungen, dass keine Kombination rein technischer, wirtschaftlicher oder gesetzlicher Maßnahmen eine wesentliche Besserung bewirken kann. Ganz neue Vorgehensweisen sind erforderlich, um die Menschheit auf Ziele auszurichten, die anstelle weiteren Wachstums auf Gleichgewichtszustände führen. Sie erfordern ein außergewöhnliches Maß von Verständnis, Vorstellungskraft und politischem und moralischem Mut.«[24]

Etwa zur gleichen Zeit, in der das Buch des Club of Rome erstmals erschien, gründeten der Ingenieur und Futurist Willis W. Harman und der Astronaut Edgar Mitchell in Kalifornien das »Institute of Noetic Sciences (IONS)«, weil sie davon überzeugt waren, dass die Krisen, die der Zivilisation bevorstehen würden, nur aufgrund einer tiefgreifenden Transformation des menschlichen Bewusstseins bewältigt werden können. Dafür müssten, so Harman und Mitchell, Wissenschaft und Spiritualität wieder vereint werden.

Mitchell, der ein gut ausgebildeter Wissenschaftler war und als sechster Mensch den Mond betreten hatte, beschäftigte sich mit Bewusstseinsveränderungen, die er an sich selbst seit seiner Landung auf dem Mond beobachtete, und für deren wissenschaftliche Erforschung er sich seither engagierte[25] während Harman ein eigenes IONS-Programm mit dem Titel »Global Mind Change« betrieb. Gemeinsam gewannen sie zahlreiche Wissenschaftler verschiedener Fachrichtungen, die am IONS Themen – beispielsweise Meditation, alternative Heilverfahren, Spiritualität und Parapsychologie – bearbeiteten, die im allgemeinen Wissenschaftsbetrieb eher unbeachtet geblieben waren.

Der österreichisch-amerikanische Physiker und Systemtheoretiker Fritjof Capra, der sich ebenfalls seit Mitte der 1970er-Jahre mit dem notwendigen Wandel des menschlichen Bewusstseins befasst, gründete 1995 in Berkeley das »Center for Ecoliteracy«, in dem es um ein dem IONS ähnliches Forschungs- und Bildungsanliegen geht, das dem sich abzeichnenden, allgemeinen Paradigmenwechsel Rechnung trägt:

»Das neue Paradigma kann man als ganzheitliches Weltbild bezeichnen, weil es die Welt als integrales Ganzes sieht, statt als unverbundene Ansammlung von Teilen. Dieses Weltbild entspricht auch der ökologischen Sichtweise, sofern der Begriff ›ökologisch‹ in einem viel umfassenderen und tieferen Sinn als allgemein üblich verwendet wird. Ökologisches Bewusstsein in diesem Sinne müsste die grundlegende wechselseitige Abhängigkeit aller Phänomene ebenso zur Kenntnis nehmen wie die Tatsache, dass wir alle, als Individuen und als Mitglieder von Gesellschaften, in die zyklischen Prozesse der Natur eingebunden (und letztlich von ihnen abhängig) sind. [...] Letzten Endes ist tiefenökologisches, ökozentrisches Bewusstsein ein spirituelles oder religiöses Bewusstsein. Wenn der Begriff der Spiritualität einen Bewusstseinszustand meint, in dem der einzelne Mensch ein Gefühl der Zugehörigkeit, der Verbundenheit mit dem Kosmos als Ganzem empfindet, dann wird klar, dass ökologisches Bewusstsein seinem tiefsten Wesen nach spirituell ist.«[26]

Die Beziehung zu Kultur und Natur

Es ist auffällig, mit welchem Tempo Entwicklungen immer weiter fortschreiten, die uns von der, dem natürlichen Lebensgefühl des Menschen entsprechenden Mitweltlichkeit, entfremden. Die aber ist die Grundlage eines tiefenökologischen Bewusstseins. Das Verhältnis zur Welt wird im technisierten Leben unserer Zeit zunehmend von einem pflegenden zu einem nützlichen verändert. Darin werden die eigenen Bedürfnisse über diejenigen anderer Lebenswelten gesetzt. Dennoch bietet ein solcher Entwicklungsverlauf auch eine Chance, denn wir können gerade an den Herausforderungen unserer Zeit für unsere wahre und eigentliche Verantwortung erwachen. Die Gelegenheiten zur Erfahrung von Vernunft, Einsicht, Empathie usw. entstehen oft an den Grenzlinien schmerzhaft erlittener Separation: Würden wir uns nicht als getrennt erleben, würden wir die Reunion nicht ersehnen, die, bewusst von uns gewollt und herbeigeführt, eine große, wirksame Tat ist. Das Widrige in unserer Zeit bekäme so gesehen einen besonderen, tiefen Sinn.

Wenn es darum geht, sich im Jetzt der gegenwärtigen Welterfahrungen zu positionieren, ist der Rückbezug auf die Vergangenheit ein natürlicher Vorgang.[27] Um aktuelle Erfahrungen deuten und verstehen zu können, wird betrachtet, wie vorangegangene Generationen sich in ähnlichen Situationen verhalten haben. Dabei ist das *Wie* tatsächlich besonders entscheidend, denn es lässt Rückschlüsse auf die Quellen und Methoden der Inspiration zu, weshalb es bedeutend lehrreicher ist als das bloße Wissen von den in früheren Epochen vollbrachten Taten. Dass beispielsweise irgendwann gotische Kathedralen gebaut wurden, es zur Industrialisierung kam oder die Vereinten Nationen gegründet wurden, ist für sich genommen natürlich ausgesprochen interessant. Wirklich spannend wird es aber, wenn man sich danach fragt, *wie* Menschen es schafften, die komplizierten architektonischen und statischen Gesetzmäßigkeiten zu verstehen, die dem Bau der Kathedralen zugrunde liegen, *wie* sie sich dazu in die Lage versetzten, so arbeitsteilige Prozesse zu organisieren, die einen Industriebetrieb überhaupt erst ermöglichen, oder aber *wie* eine Vorstellung allgemeiner Menschenrechte zustande kam.

Befasst man sich damit, wird man bald erkennen, dass Ideen zur Wandlung bestehender Verhältnisse eng damit verknüpft sind, dass ein Mensch über die Fähigkeit verfügt, anstehende Aufgaben oder Probleme zu »über«-schauen. Das kann eben in zweifacher Hinsicht verstanden werden: einerseits im Sinne einer Überschau über Vorgeschichten und Folgen, andererseits in dem Sinne, dass über das Konkrete hinweg in ganz andere Richtungen geschaut wird. Letzteres ist ganz besonders dazu geeignet, Inspirationen zu ermöglichen.

Es ist bemerkenswert, wie viele Menschen immer wieder die Erfahrung machen, dass der Blick in die Natur dafür besonders wirksam ist. Offenbar können Naturerfahrungen befreiend und belebend wirken. In den 1970er-Jahren wurde dieser Effekt durch die Umweltpsychologen Rachel und Stephen Kaplan in einer Neun-Jahres-Studie erforscht, die belegte, »dass direkter und indirekter Naturkontakt zur

Genesung bei geistigen Erschöpfungszuständen und zur Wiederherstellung der Konzentrationsfähigkeit beiträgt.«[28] Sogar besondere Wahrnehmungsfähigkeiten, die der kanadische Psychologe und Computerwissenschaftler Ronald Rensink »Hellsicht« (*mindsight*) nennt, können das Ergebnis einer intensiven Verbundenheit mit der Natur sein.[29] Durch den Umgang mit der Natur erschließt sich die Erfahrung eines Geistigen, das sowohl die seelische Innenwelt wie auch die äußere Natur durchdringt.

So wie es einen Zusammenhang zwischen der Verbindung des Menschen mit der Natur und dem Umfang der Fähigkeiten seines Bewusstseins gibt, so verständlich wird unter diesem Vorzeichen, dass die in den letzten Jahrhunderten immer stärkere Trennung des Menschen von der Natur zu unseren aktuellen ökologischen Problemen führte. Es ist vermutlich nicht nur so, dass die Menschen früherer Zeiten mit der Natur umsichtiger umgingen, weil sie ihrer alltäglichen Lebenswelt buchstäblich noch näher war, sondern sie verfügten – anders als wir Heutigen – auch noch über ein feineres Sensorium für die natürlichen Lebensvorgänge und die Folgen ihrer Taten für die Mitwelt.

In vielen Geschichten, Erzählungen und Mythen finden sich Berichte vom Verhältnis der Menschen zu einer »lebendigen« Natur. Götter in Gestalt von Naturkräften, Elementarwesen, sprechende Steine, Pflanzen und Tiere usw. gehören darin zur Lebenswelt der Menschen. Diese Bilderwelt vermittelt, vorurteilslos befragt, einen Eindruck von einem Naturerleben, das sich nicht allein im Umgang mit materiellen Gegebenheiten und physikalischen Kräften erschöpfte. Die Erfahrung einer solchen Verbundenheit, aus der heraus alle Lebewesen als Subjekte erlebt werden, müssen wir uns heutzutage erst wieder erarbeiten. Indem wir uns bewusst darum bemühen, kann unsere Einsicht dann mehr als instinktiv sein.

Zugleich wird es möglich, Geschichte in weit ausgreifenden Dimensionen lebendig zu verstehen. Also nicht nur als Abstraktion aufgrund der Sammlung von Fakten, sondern als eine Lebenskraft, die in den Ereignissen des Zusammenlebens und Handelns der Menschen ebenso präsent ist wie in allen Formen und Gestalten unserer Mitwelt. Davon, dass sich das ökologische Denken und Handeln dadurch qualitativ verändert und verstärkt, zeugen die Biographien mancher Menschen bereits. Darauf kommen wir später noch zurück.

Komplemente

Mit seinen Wanderbewegungen verbreitete der Mensch seine Nahrungspflanzen und domestizierten Tiere über Meere und Kontinente hinweg. Dabei veränderte er ganze Landschaften und schuf in seiner eigenen Gesellschaft soziale Gefüge und Gefälle. Die Jahrtausende alte Geschichte der Menschheit wurde dadurch dem Antlitz der Erde eingeschrieben.

An vielen Orten kann nachvollzogen werden, dass die Spuren menschlichen Lebens in den Landschaften erhalten bleiben, sogar wenn die unmittelbar sichtbaren Zeugnisse – Gebäude, Äcker, Wege und Straßen – längst wieder verschwunden sind. Der Gesamteindruck von solchen Gegenden vermittelt über sehr lange Zeiten hinweg noch einen Eindruck vom einstigen Leben, das dem ökologischen Gefüge eine Richtung gab, die über Jahrhunderte und Jahrtausende hinweg fortbesteht. Es sind also nicht nur die direkten Wirkungen menschlichen Lebens, derer wir gewahr werden. Vielmehr wurde der ökologische Zusammenhang aller Wesen und Kräfte in einer eigenen Art verändert. Menschliche Kultur geht schon seit Jahrtausenden über die bloß natürlichen Vorgaben hinaus, insofern ganz eigene Lebenswelten geschaffen wurden und werden, die es ursprünglich – eben ohne den Menschen – weder gab noch je geben könnte. Menschliche Kultur ist innerhalb der Natur darum eine wirksame Ergänzung, durch dessen Einfluss der ökologische Zusammenhang der ganzen Welt fortwährend mitgestaltet wird.

Dieses Prinzip der Komplementarität menschlicher Kultur kannte und vertiefte man früher in Traditionen, die ebenfalls bis in die heutige Zeit fortwirken; so zum Beispiel in einem der wichtigsten Heiligtümer Japans, der shintoistischen Tempelanlage auf der Ise-Halbinsel. Hier wird, ausgehend von vor- und frühgeschichtlichen

Kulten, seit dem späten 7. Jahrhundert im Jingu-Schrein die weibliche Sonnengottheit Amaterasu verehrt. Dieser hölzerne Schrein wird alle zwanzig Jahre in einer Bauzeit von acht Jahren komplett neu erbaut (die abgetragenen Teile des alten Tempels werden für den Bau von Shintō-Schreinen in anderen Landesteilen weiterverwendet), wofür auf dem Gelände der Tempelanlage in einem riesigen Wald die jeweils 130.000 (!) für jeden Neubau benötigten Hinoki-Zypressen wachsen. Bis zur Ernte erreichen diese Bäume Wuchshöhen von 35 bis 40 Metern und einen Stammdurchmesser von 1,2 bis zu 3 Metern.

Interessant ist überdies, dass der zeitliche Abstand von einem Tempelbau zum nächstfolgenden etwa dem einer Generation (acht Jahre Bauzeit plus zwanzig Jahre Nutzungsdauer) entspricht. Wie genau es zu dieser Prozedur kam, ist ungeklärt. Unter den zeitgenössischen Architekten Japans deuteten Kenzō Tange und Kiyonori Kikutake den Kult der immer wiederholten Erneuerung des Tempels als »shinchintaisha« (japanisch: Stoffwechsel), in dem sich, analog zum Austausch von Material und Energie zwischen Organismus und Außenwelt, ein regelmäßiges Ersetzen des Alten durch Neues ereignet. In diesem Sinne könnte man den einen, Jahrhunderte alten Tempel als Lebewesen in den immer wieder erneuerten, äußeren Formen erblicken. Damit ist er ein gutes Sinnbild für das Wesen der Komplementarität menschlicher Kultur.

Das Schaffen und Pflegen von Komplementen ist ein probates Mittel, wenn es darum geht, Veränderungen zu bewirken. Eine Rückkehr zu ökologisch sinnvollem Verhalten beispielsweise wird heutzutage auf direktem Weg nicht zu schaffen sein. Dass aber ökologische Landwirtschaft betrieben und die entsprechenden Lebensmittel gehandelt werden, bewirkt, dass immer mehr Menschen über ihr eigenes Verhalten nachdenken und sich in noch ganz anderen Bereichen des Lebens Veränderungen anbahnen. Auch wenn bisher nur zehn Prozent der deutschen Äcker biologisch bewirtschaftet werden und der Anteil der dort erzeugten Lebensmittel am Gesamthandelsvolumen erst bei rund fünf Prozent liegt, wirken Komplemente hier schon weit über sich selbst hinaus!

Das wirksamste Komplement aber könnte der Mensch selbst sein. Würde er seine besonderen Möglichkeiten im positiven Sinne erkennen und einsetzen, könnte er sich – jenseits von jeder religiös verbrämten Selbstüberhebung – im Gesamtzusammenhang des Lebens als Schlüsselart verstehen. Mit diesem Begriff wird in der Ökologie eine Art bezeichnet, die einen unverhältnismäßig großen Einfluss auf die Artenvielfalt einer Lebensgemeinschaft ausübt.[30] Das trifft auf uns Menschen zweifellos zu. Welche Konsequenzen hätte es, wenn wir diese Tatsache zum Grund dafür nähmen, uns bewusst mitweltlich, verantwortlich sorgend zu verhalten?

Wir sahen in einem der vorangegangenen Kapitel, dass die Haudenosaunee für diejenigen, die sie in den Rat der Konföderierten entsandten, von besonderen sieben Eigenschaften sprachen, die sie als Hoyaneh qualifizierten. Zuerst ging es darum, von einer sieben Spannen dicken Haut umgeben zu sein. Das verstand man als Bild dafür, dass man sich vor jeder wichtigen Entscheidung sieben Generationen bewusst sein möge. Wenn das nicht nur auf die Generationen der eigenen Familie bezogen wird und man sich zusätzlich die darüber hinausreichende Vorstellung einer allgemeinen, menschlichen Generationenfolge vergegenwärtigt, ist das ein solides Fundament für ein ökologisches Bewusstsein. Man erkennt nämlich, wie facettenreich menschliche Kultur als Komplement im Weltzusammenhang verändernd wirkt, und was zum Verständnis dieses Vorgangs von der Natur gelernt werden kann. Der Physiker und Naturphilosoph Klaus Michael Meyer-Abich verdeutlichte prägnant, worum es dabei vor allem geht:

»Die Menschheit ist nicht das Ganze, und die natürliche Mitwelt ist es auch nicht, aber es kann sich uns im Erleben des Mitseins offenbaren. […] Dieses *Ganze*, das mehr ist als die Summe seiner Teile, der Menschheit und der natürlichen Mitwelt, nämlich *die lebendige Ordnung des Alls*, nenne ich *die Natur*, das Eine in allem, in Tieren und Pflanzen, in Bergen und Flüssen, im Meer und im Wind. Diese alle *gehören* zur Natur, weil sie *kraft* der einen Natur sind, was sie sind; aber sie alle sind nicht selber *die Natur*.«[31]

Ökonomische Dimension

Mit dem Begriff »Wirtschaft« werden allgemein vor allem Vorstellungen verbunden, die sich auf einen nur sehr begrenzten Teil des menschlichen Lebens beziehen, in dem Leistungen gegen Entlohnung erbracht werden. Denkt man darüber nach, tauchen Bilder von Land- und Gartenwirtschaften, Fabriken, arbeitenden Menschen, Geschäften und Zahlungsströmen auf. Diese vorherrschenden, naheliegenden Assoziationen können leicht in die Irre leiten, denn Wirtschaft im eigentlichen Sinne ist viel mehr als das, nämlich alles, was der planmäßigen Befriedigung von Bedürfnissen dient.

Unter Voraussetzung dieser Definition ist schnell deutlich, dass keineswegs nur wir Menschen »wirtschaften«, sondern alle Lebewesen, ja, in gewisser Weise sogar die Erde selbst. Immer ist es die Befriedigung eines konkreten Bedürfnisses, in deren Zusammenhang etwas Lebenserhaltendes geschieht. Diesbezüglich sprechen wir von einem »Haushalt« – einer Pflanze, eines Tieres oder Menschen, eines Lebensraums oder gar der ganzen Erde –, in dem Möglichkeiten und Ressourcen einem spezifischen Verbrauch zu Diensten sind. Eine besondere Rolle nimmt der Mensch im wirtschaftlichen Geschehen nur darum ein, weil er sich seines Handelns rück- und vorausschauend bewusst sein kann. Er braucht nicht nur seinen Instinkten zu folgen, sondern kann aus einer Überschau handeln, die anderen Lebewesen so nicht möglich ist. Diese Bedeutung ist im Terminus »Ökonomie« (von altgriechisch οἰκονομία, *oikonomía*, deutsch »Haushaltung«, »Verwaltung« aus οἶκος, *oíkos*, deutsch »Haus« und νόμος, *nómos*, deutsch »Gesetz«, »Sitte«, »Brauch«, und dem Suffix -ική, *ikä*) veranlagt.

Die Entwicklung einer spezifischen, durch Menschen geschaffenen Wirtschaft setzte im engeren Sinne vor etwa 12.000 Jahren mit dem Ende der letzten Eiszeit und dem später folgenden Übergang ins Neolithikum ein. Tatsächlich könnte der geochronologische Begriff des Anthropozän bereits auf diese Etappe der Zivilisationsgeschichte angewendet werden, denn der Mensch begann seinerzeit bereits damit, einen gezielten, bald unumkehrbaren Einfluss auf seine Mitwelt auszuüben. Was etwa mit den landwirtschaftlichen Aktivitäten und der damit verbundenen Zucht von Nutzpflanzen und -tieren begann, reicht bis zu den gegenwärtigen Anfängen der Gentechnik.

Besonders markant ist zudem, dass Planungs- und Produktionsprozesse nach und nach – zuletzt durch die Industrialisierung bis zum äußersten beschleunigt – in immer kleinere Teilschritte zerlegt wurden. Heutzutage ist es einer einzelnen Person darum kaum mehr möglich, einen Herstellungsprozess in Gänze zu beherrschen. Das brachte manche, hinlänglich bekannten Nachteile mit sich – etwa den Verlust von Qualität und Resilienz –, aber auch die Herausforderung, durch die Zusammenarbeit von Gruppen ersetzen zu müssen, was früher aus der Genialität einzelner hervorging.

Im Laufe der Zeit bildete sich die rationalistische Denkart heraus, die schließlich auch zu einem fundamental veränderten Verständnis von Wirtschaft führte, mit der die Bedeutung des Menschen hinter die der Stoffe zurückgedrängt wurde. Erträge wurden wichtiger als die an den Produktionen beteiligten Menschen. Für die unter diesem Vorzeichen immer stärker globalisierte Wirtschaft prägte der US-Amerikaner Lewis Mumford den Begriff »Megamaschine«,[32] in der die Menschen bloß noch funktionalisiert den Interessen einer monetarisierten Wirtschaft dienen. Der Journalist Fabian Scheidler beschreibt diese Megamaschine als eine, »die sich seither mit atemberaubender Geschwindigkeit um den Erdball ausbreitet und alles, was sich ihr in den Weg stellt, verschluckt. Diese Maschine ist monströs, weil sie, getrieben durch die Logik endloser Geldvermehrung, immer weiterwachsen muss, um zu existieren. Die sich beschleunigende Zerstörung des Naturraums und das Verschwinden nichtmaschineller Kulturen sind daher keine Nebenwirkungen des Systems, keine Kollateralschäden, sondern logische Konsequenz seines inneren Funktionsprinzips.«[33] Und er charakterisiert die damit verbundenen Folgen der Globalisierung für das Verhältnis zwischen Firmen und Staaten: »Darüber hinaus waren Kapitalbesitzer in einer überlegenen Position, weil sie von Anfang an transnational organisiert waren und Staatsgrenzen überschritten, während jede einzelne Staatsmacht auf ein Territorium begrenzt war, das wesentlich kleiner ausfiel als die Weltwirtschaft.«[34]

Die maschinisierte und globalisierte Wirtschaft prägte mehr und mehr das Verständnis der Begriffe Kapital, Wert, Preis und Vermögen, die heutzutage eben kaum noch nicht-monetär verstanden werden. Damit ist ihnen aber eine Bedeutung zugeschrieben, die in erster Linie aus unserem hochtechnisierten Kulturkreis hervorgegangen ist, in dem Wirtschaft vor allem mechanistisch erklärt wird.[35] Damit wird man aber beispielsweise dem Verständnis in indigenen Kulturen nicht gerecht, für die eine solche Sichtweise nicht nur nicht verständlich, sondern geradezu absurd ist, weil Wirtschaft für sie immer ein Ausdruck von Lebensprozessen ist.

Werte

Für uns ist es heutzutage so, dass die von Menschen geschaffene und bis heute vorherrschend betriebene Wirtschaft auf folgenden vier Besonderheiten von prinzipieller Bedeutung beruht:

1. Die Arbeitsteilung und Spezialisierung der Fähigkeiten führen zu einem schnellen, immer weiter reichenden Rückgang der Selbstversorgung.
2. Die Ergebnisse der Arbeit befriedigen immer weniger die eigenen, sondern die Bedürfnisse anderer Menschen.
3. Geld tritt an die Stelle des direkten Austauschs von Waren und Leistungen, die zunehmend nur noch auf diese Weise, also gegen Bezahlung, verfügbar sind.
4. Geld wird selbst zur Ware, die gegen Gebühr (Zinsen) gehandelt wird, womit faktisch der Zwang zu dauerndem Wachstum und die Umverteilung von Arm zu Reich etabliert wurden.

Es wiegt besonders schwer, dass für das Geldkapital – auf die anderen (drei) Kapitalarten kommen wir später noch zu sprechen – eine Ausnahmesituation geschaffen wurde, insofern zinsbedingtes, dauerndes Wachstum zur zentralen Systemeigenschaft unseres heutigen Finanzsystems geworden ist. Letzteres hat sich von der Realwirtschaft bereits so weit entfernt, dass nur noch weniger als zehn Prozent der täglichen, globalen Geldströme mit tatsächlich erbrachten Lieferungen und Leistungen zu tun haben. So kam es zur Entstehung und Entwicklung der größten ökologischen und sozialen Probleme, denn ein unaufhörliches Wachstum ist per se widernatürlich und in dieser unserer begrenzten Welt unmöglich. Diese Tatsache wird aber geflissentlich ignoriert, denn einerseits lässt sich mit Geld offensichtlich sehr schnell und viel Geld machen (»verdienen« wäre nicht das richtige Wort). Andererseits sind die Verschuldungen (von Einzelpersonen, Firmen und Staaten) so immens, dass alle Menschen dazu gezwungen sind, fortwährend mehr oder weniger intensiv die Zinsgewinne zu erarbeiten, die von sehr wenigen Superreichen vereinnahmt werden. Mit Fug und Recht lässt sich sagen, dass die von Menschen geschaffene Wirtschaft mittlerweile durch die vorherrschende Art der Geldverwendung zu einer für die ganze Welt existenzgefährdenden geworden ist!

Merkwürdig, dass so viele genau damit so unzufrieden sind, sich aber, von Einzelfällen abgesehen, daran trotzdem kaum etwas ändert. Wie auch? Unsere Existenz ist in unserem Wirtschaftssystem immer von den Leistungen anderer abhängig. Da diese Leistungen nur gegen Bezahlung verfügbar werden, und weil wir das für die Bezahlung benötigte Geld nur als Lohn für erbrachte Arbeit erhalten, besteht der dauernde Zwang zum Erhalt des aktuell wirksamen Systems. So gesehen leben wir de facto für den dauernden Konsum. Der Philosoph Günter Anders bezeichnete das sich darin realisierende Prinzip als eines, in dem nicht ist, was nicht verwertbar ist. Es geht bei den Funktionen der Megamaschine tatsächlich nicht mehr darum, ob etwas lebt – und ob es darum für sich bedeutend ist –, sondern ausschließlich darum, ob es sich in die Hierarchie ökonomischer Verwertbarkeit gruppieren lässt. Dabei, so Günter Anders, habe der Mensch nach und nach jene Angst verloren, die sich auf die mutmaßlich eintretenden Folgen seines Handelns bezieht: »...Dieser Verlust der Apokalypse- (und Höllen-) Angst hätte eine beträchtliche Rolle zu spielen. [...] Ohne diesen ›Verlust‹ hätte sich die Selbstsicherheit des modernen Menschen niemals so steigern können, wie sie sich tatsächlich gesteigert hat; und ohne ihn würde eben unsere heutige Unfähigkeit zur Angst unverständlich bleiben.«[36]

Zunächst ging dem Menschen seine Fähigkeit verloren, seine Lebensumgebung mitweltlich zu erleben. Und dann schwand ihm auch noch die Angst vor den Folgen seiner Taten. So wurde er durch die von ihm selbst geschaffene Megamaschine verändert. Spätestens wenn es am Ende um die Renditen auf eingesetztes Kapital, also um jene Gewinne geht, die spekulative Anlagen von Geld amortisieren (von lat. *amortare, admortizare, admortificare* »[Besitz] in die tote Hand überführen«), bietet sich für den Menschen die eindeutige Chance, sich dessen bewusst zu werden, wie weitreichend er den Systemgewalten unterworfen ist. Schließlich ist sein unersättlicher Konsum der Treibstoff, der das Räderwerk der Megamaschine am Laufen hält.

Bemerkenswert daran ist, dass die Bedürfnisse der Menschen immer so weit reichen, dass das jeweils zur Verfügung stehende Vermögen für den Konsum tatsächlich auch total ausgeschöpft wird. Jede mögliche Sparsamkeit wird immer wieder und schneller durch Steigerung des Konsums kompensiert. Der Mensch scheint sich tatsächlich immer nach der Decke zu strecken. So sank etwa in den Jahren von 1993 bis 2009 in den USA der Energiebedarf für das Heizen von Gebäuden um mehr als zehn Prozent, während der Verbrauch zum Betrieb elektrischer und elektronischer Geräte in eben diesem Zeitraum im gleichen Umfang zunahm. Das belegt exemplarisch: Was zur Verfügung steht, wird auch verbraucht. Aber auch direkte Rebound-Effekte begleiten den Konsum: Preissenkungen schüren die Nachfrage, weshalb Einsparungen durch effizientere Technik keine Einsparungen bleiben, sondern sogleich durch Mehrverbrauch neutralisiert werden. Mit spritsparenden Autos werden längere Strecken zurückgelegt, und preiswertere Kleidung wird in größeren Mengen gekauft usw.

Amortisationen (also die Tilgung der Anschaffungskosten durch Erträge, bzw. mit Überschüssen im Falle privater Haushalte) – maßvoll erwirtschaftet – sollten eigentlich für Reparaturen oder Ersatzbeschaffungen zur Verfügung stehen, denn schließlich verschleißt unser ganzes Hab und Gut im Laufe der Zeit. Allerdings hat der Umfang der Haushaltsvermögen bis heute derart zugenommen (von durchschnittlich 400 Gegenständen zu Beginn des 20. Jahrhunderts auf gegenwärtig 10.000), dass vom übrigen Einkommen niemals mit eigenem Geld für den Erhalt des Vermögens gesorgt werden kann. Infolgedessen nimmt die Verschuldung von Firmen und Privatpersonen immer mehr zu, denn nur auf der Basis wachsender Schulden kann im erforderlichen Umfang noch investiert werden. Das gilt mittlerweile privat-, betriebs- und volkswirtschaftlich gleichermaßen.

Dieser fatale Effekt wird noch dadurch geschürt, dass sich tatsächlich eine Wegwerfgesellschaft entwickelt hat. Aus Gebrauchsgütern sind Verbrauchsgüter geworden. Reparaturen sind kostspieliger als Neuanschaffungen, wenn es sich nicht sowieso schon um Einwegprodukte handelt. Faktisch beruht die Funktion der Megamaschine auf dem eklatanten Widerspruch, dass die sogenannte *Wertschöpfung durch Wertvernichtung* betrieben wird. Ließe sich dem etwas entgegensetzen?

Wirtschaft und Bewusstsein

Die Wirtschaft der Menschen ist dadurch geprägt, dass sich fortwährend die Interessen des einzelnen und der Gemeinschaft gegenübertreten: Dass es einzelnen Menschen mittlerweile nahezu unmöglich ist, die eigenen Bedürfnisse ausschließlich aus eigener Arbeit befriedigen zu können, sahen wir bereits. Ebenso haben wir darauf geschaut, dass in unserer arbeitsteilig organisierten Welt Geld die Brücke zwischen Angeboten und Nachfragen bildet.

Das könnte an sich sehr praktisch sein, wäre es nicht dazu gekommen, dass Geld als Ware gegen Forderung von Zinsen gehandelt würde. Durch diese Funktion zur Generierung leistungsloser Einkommen wird das gesamte System der Wirtschaft der Menschen korrumpiert. Die meisten unserer aktuellen ökologischen, ökonomischen und sozialen Probleme sind ursächlich mehr oder weniger auf diesen Systemfehler zurückzuführen, schon allein darum, weil die zinsbedingte Forderung dauernden Wachstums der ökologischen

Suffizienz entgegenwirkt. Hinzu kommt, dass die Zinsgewinne, die auf der einen Seite erzielt werden, auf der anderen Seite immer Verluste sind, wodurch in einer sich exponentiell beschleunigenden Entwicklung Reiche immer reicher und Arme immer ärmer werden. Das funktioniert nur, weil sich immer wieder Totalverluste – von Menschen, Firmen und Staaten – ereignen, die den steilen Anstieg der Kurve partiell für eine gewisse Zeit abschwächen.

Verständlicherweise sind die Funktionen dieser von Menschen monetarisierten Wirtschaft mit dem natürlichen Leben nicht vereinbar. In der Natur gibt es, solange nicht empfindliche Störungen vorliegen, nirgendwo ein unbegrenztes, exponentielles Wachstum. Die chemische und biologische Evolution des Lebens setzt immer ein natürliches Gleichgewicht voraus. Dieses Gleichgewicht zu wahren, ist allen Lebewesen nicht nur konstitutionell aufgegeben, es wird auch durch die Kräfte des Systems immer wieder hergestellt, wenn es zu Unter- oder Überforderungen kommt. So können alle Lebewesen in einem Ökosystem nur so viel Raum für sich beanspruchen, wie es für alle Mitwesen noch zuträglich ist, andernfalls wird das System korrigierend wirken. Dieses Prinzip natürlicher Wirtschaft gilt allerdings nicht (mehr) für den Menschen, der seine Verhältnisse mittlerweile so eingerichtet hat, dass er für die regulierenden Kräfte des Systems bis zu einem gewissen Grad unerreichbar geworden ist. Nur darum kann er seine Bedürfnisse im wahrsten Sinne des Wortes rücksichtslos befriedigen! Schon bei einer ersten Bestandsaufnahme tritt zutage, dass der »moderne« Mensch seine besonderen Fähigkeiten zu freiem Denken und Handeln weitgehend dafür einsetzt, gegen die Natur, statt mit ihr zu handeln.

Die vom Menschen geschaffene Wirtschaft beruht in erster Linie darauf, dass er sich ernähren muss, um seinen Energiebedarf zu decken. Als Jäger, Sammler und Hirte lernte er sein Überleben zu sichern. In einem zweiten Schritt entwickelte sich, mit der Zunahme und Verbreitung der Bevölkerung in alle Gegenden der Erde, der Handel, wodurch spezielle Leistungen und Waren allerorten verfügbar wurden. Die Feuersteinstraßen der Jungsteinzeit erinnern an die frühesten Formen dieser Entwicklung. Was in einem Teil der Welt angebaut oder angefertigt wurde, konnte nun in einem anderen Teil verwendet werden. Diese Ausbreitung wirtschaftlicher Aktivitäten führte zugleich dazu, dass man sich Vorstellungen vom Wert eines Wirtschaftsgutes machte, die sich nicht mehr nur am schlichten Bedarf der Handelspartner orientierten. Das Äquivalent für die Bestimmung vom Wert einer Sache war jetzt nicht mehr nur die zu seiner Erzeugung eingesetzte Leistung, sondern die vom Begehren getriebene Bereitschaft eines anderen Menschen, dafür möglichst viel zu bezahlen. Das bedeutet, dass sich die wirtschaftlichen Aktivitäten von den natürlichen Bedingungen lösten und mehr und mehr darum zu kreisen begannen, mit den Bedürfnissen von Mitmenschen zum größtmöglichen eigenen Vorteil zu verfahren. Seither betreffen die Folgen wirtschaftlicher Aktivitäten der Menschen also nicht nur die Natur, sondern zugleich auch die sozialen Verhältnisse. Inwieweit sie darin tatsächlich noch frei oder gezwungen sind, entscheidet sich heutzutage unter anderem dadurch, wie weit sie ihre Wirtschaft mit verzinstem Geld betreiben. Daran erkennt man das ganze Ausmaß der reinen Geldgeschäfte, die das Verhältnis des Menschen zu seiner Mitwelt gravierend veränderten. Klaus Michael Meyer-Abich befasste sich intensiv damit:

»Als Material oder Ressource macht sich die Wirtschaftswissenschaft von der Natur und den Lebensgrundlagen der Wirtschaft meines Erachtens nach wie vor nicht den rechten Begriff. Meine Kritik beruht darauf, dass im Verständnis der Natur als Ressource das *Verhältnis* des Menschen zur Natur in einer Form gedacht wird, die weder dem Wesen des Menschen noch dem der Natur gerecht wird.«[37]

Das Verhältnis des Menschen zur Natur ist zu einem unübersehbar einseitigen geworden, insofern es schlicht darauf ausgerichtet ist, die Natur als Ressource zu behandeln, die zur Erzeugung monetärer Mehrwerte eingesetzt wird. Bis auf den heutigen Tag hat sich überdies die im 18. Jahrhundert durch den Philosophen und Nationalökonomen Adam Smith geprägte Überzeugung erhalten, dass ausgerechnet dieses menschliche Verhalten aus sich selbst heraus anstelle der Natur als Korrektiv von Fehlentwicklungen wirken könne. Smith hatte diese Idee aufgrund seiner Studien der Werke Isaak Newtons formuliert, indem er die Vorstellung von einer »Himmelsmechanik« auf das Gebiet der Ökonomie übertrug. Durch den Eigennutz der Menschen getragen, so Smith, würde eine »unsichtbare Hand« die wirtschaftlichen Entwicklungen stets im Sinne des Gemeinwohls lenken. Auf diese, der Wirtschaft eigenen Kräfte könne man stets vertrauen. Dass diese Auffassung falsch ist, belegen die fatalen Folgen der einseitigen, von der Natur getrennten Wirtschaft mittlerweile ganz eindeutig.

Dennoch lassen sich Keime der Zukunft finden, wenn die von Menschen geschaffenen Rahmenbedingungen der Ökonomie näher betrachtet werden. Dass der Mensch sich im Umgang mit den natürlichen Kräften weitgehend emanzipierte, ließ die Welt so werden – und zwar auch im durchaus positiven Sinne – wie sie heute ist. Was uns in unserer Lebenswelt unmittelbar umgibt, ist zum großen Teil dadurch so, wie es ist, weil Menschen daran gearbeitet haben. Natürlich Gegebenes wurde zu einem Ausdruck menschlicher Gedanken, Entscheidungen und Taten gewandelt. Auf die Schnittstelle, die sich zwischen dem einen und dem anderen befindet, können wir uns mit ganzer Aufmerksamkeit konzentrieren. Dazu sind wir als Menschen im Unterschied zu allen anderen Lebewesen tatsächlich in der Lage.

Suffizienz

Zu den Wegmarken der geistesgeschichtlichen Entwicklung der Menschheit gehört das Aufkommen der doppelten Buchführung, die Ende des 15. Jahrhunderts durch den Franziskanerpater Luca Pacioli erstmals komplett beschrieben wurde. Mit ihr ist es möglich, jederzeit für jeden wirtschaftlichen Vorgang die Herkunft (Kapital) und die Verwendung (Vermögen) eingesetzter Ressourcen in einer Bilanz (vom italienischen »bilancia«: Waage) gegenüberzustellen. Zugleich wird – gleichsam zwischen den beiden Seiten der Bilanz – implizit die Frage nach den Entscheidungen der Wirtschaftenden berührt, die ja in irgendeiner Form allen Verwandlungen (Investitionen) von Kapital in Vermögen zugrunde liegen. Folglich sind die doppelte Buchführung und die zu ihr gehörige Bilanz ausgezeichnete Instrumente zur Sichtbarmachung wirtschaftlicher Prozesse.[38]

Wichtig an einer Bilanz ist, dass ihre beiden Seiten im Ergebnis immer übereinstimmen müssen. Das bedeutet, dass der Gesamtumfang des Kapitals und des Vermögens deckungsgleich ist. Nur das tatsächlich Vorhandene – nicht mehr und nicht weniger – kann investiert, also zum Vermögen, werden. Im Prinzip gäbe das einen Anlass zu suffizientem, also genügsamem Verhalten – wäre das vorherrschende ökonomische und monetäre System nicht mit der bereits beschriebenen Eigenschaft zu unbegrenztem Wachstum versehen, aufgrund dessen die Bilanzsumme tatsächlich wachsen (oder schrumpfen) kann. Das Widernatürliche daran wird deutlich, wenn wir den Kapitalbegriff genauer betrachten und erweitern.

Wir haben uns in diesem Kapitel bereits damit befasst, dass Wirtschaft sich keineswegs nur auf Geld bezieht, sondern schlicht auf alles, was der planvollen Befriedigung von Bedürfnissen dient. Insofern gehen wir tatsächlich ja nicht nur mit Geld um, sondern mit noch anderen Kapitalien. Vereinfacht können wir von vier verschiedenen Kapitalarten – Natur, Gesundheit, Zeit und Geld – sprechen, die unseren wirtschaftlichen Aktivitäten zugrunde liegen. Dass wir dem Geld zubilligen, Maßeinheit für alle Kapitalarten zu sein, beruht auf der Einseitigkeit unseres Wirtschaftssystems. So bemessen wir den »Wert« von Natur, Gesundheit und Zeit in Geld. Würden wir uns von dieser Praxis verabschieden und jede Kapitalart in einer bilanzierenden Zusammenschau für sich betrachten, wäre der erste Grundstein für eine neue, natürliche Wirtschaftsordnung gelegt. Schauen wir uns das jetzt noch etwas genauer an.

Zunächst gilt, dass alle vier Kapitalarten nur begrenzt zur Verfügung stehen. Der Umfang fruchtbaren Bodens ist begrenzt, so dass jedem Menschen nur ein bestimmter Anteil davon zugerechnet werden kann. Ebenso ist die Gesundheit durch die Alterung und den damit einhergehenden Verfall der körperlichen Kräfte begrenzt. Ergo gilt für jeden Menschen eine durchschnittliche, begrenzte Lebenserwartung. Zunächst einmal wäre es wichtig, von diesen natürlichen Vorgaben des Lebens aus eine Zurechnung von Geldwerten vorzunehmen und nicht umgekehrt. Dem Menschen stünden dann nicht nur Natur, Gesundheit und Zeit als bedingungsloses Grundkapital zu Verfügung, sondern als Anteil an der volkswirtschaftlichen Gesamtleistung auch eine gewisse Menge an Geld.

Unter dieser Voraussetzung würden wir anders bilanzieren, denn es ginge dann nicht mehr nur um Geld bzw. Geldwerte, sondern umfassend um alle vier Kapitalarten. Unter der Voraussetzung immer gleicher Bilanzsummen könnten wir sehr schnell und einfach erkennen, dass und wo Über- oder Unterschreitungen das Gleichgewicht stören.

Es geht also viel mehr um ein Qualifizieren denn um ein Quantifizieren, bzw. es könnte darum gehen. Das Quantifizieren wird aufgrund eines überholten Paradigmas (wirtschaftlicher Erfolg ist Wachstum) bloß hineingedacht.

Für die ökologische Verantwortung liegen die Wirkungen eines Bilanzierens, das alle vier Kapitalarten erfasst, auf der Hand. Wir würden stets erkennen, inwieweit unsere Lebensart eine im Verhältnis zu unserer Mitwelt ausgewogene ist. Dieses Bewusstsein, das in effektiver Art rück- und vorsichtsvoll (Vergangenheit und Zukunft werden gleichviel beachtet) ist, bietet die einzige Möglichkeit, wirklich mitweltgerecht zu handeln. Hinsichtlich der Folgen unserer Lebensart können wir es uns nämlich nicht mehr leisten, aus Fehlern zu lernen, denn es gibt bereits zu viele Bereiche im ökologischen Gesamtgefüge, in denen wir Menschen irreparable Schäden angerichtet haben.[39]

Sehen wir die hier angeregte erweiterte Art des Bilanzierens vor dem Hintergrund des Sieben-Generationen-Gewahrseins, können wir nicht nur das Was in den Taten vorangegangener und folgender Generationen verstehen, sondern vor allem Ahnungen vom Wie entwickeln. Wenn wir uns von der Ebene der Lebenskräfte aus auf die Wahrnehmung wirtschaftlicher Prozesse konzentrieren, beschäftigen wir uns vor allem mit qualitativen Aspekten. Vielleicht entdecken wir dabei, dass die Genialität, aus der heraus vor Jahrtausenden ein simples Werkzeug erfunden wurde, derjenigen heutiger Ingenieure, die einen Hochgeschwindigkeitszug konstruieren, in nichts nachsteht – vielleicht ist sie ihr bezüglich der Fähigkeit, zu Intuitionen zu gelangen, sogar weit überlegen!

Soziale Dimension

Im Unterschied zu allen anderen Lebewesen auf Erden gilt für den Menschen, dass er sich jenseits der behüteten Kindheit und Jugend nicht selbst versorgen kann. Während sich jedes Tier in der ersten Zeit seines Lebens so weit entwickelt, dass es seine Bedürfnisse aus den Angeboten seiner Mitwelt aufgrund seiner besonderen Fähigkeiten befriedigen kann, ist das beim Menschen – im Hinblick auf seine Evolutionsgeschichte –mittlerweile ganz anders. Wie ein wildlebendes Tier in seiner Kindheit und Jugend lernt, für sich selbst zu sorgen, wird der Mensch heutzutage im ersten Abschnitt seiner Biographie darauf vorbereitet, möglichst angepasst in den verschiedenen Systemen seiner Gesellschaft zu leben und dabei mit irgendeiner Erwerbsarbeit *für andere* zu sorgen.

Dass es im hochtechnisierten und -industrialisierten Teil der Welt vermutlich keinen Menschen mehr gibt, der ein autarkes Leben führen könnte, liegt unter anderem daran, dass er weder über die dafür nötigen basalen Fähigkeiten, noch über den territorialen und gesellschaftlichen Freiraum verfügt. Besonders in den zurückliegenden zweihundert Jahren wurden Produktionen und Distributionen in immer mehr voneinander separierte Teilschritte zerlegt und de-regionalisiert, bis schließlich die heutigen, globalisierten Leistungsketten etabliert waren, auf denen unsere Versorgungssysteme mittlerweile beruhen. Um diese Art von Wirtschaft betreiben zu können, bedarf es mitarbeitender Menschen, die über hochspezialisierte Fähigkeiten verfügen. Durch diesen effizienten Betrieb unserer heutigen Wirtschaft, ist es einem einzelnen Menschen darum noch nicht einmal mehr möglich, einen einfachen Gebrauchsgegenstand – einen Hammer, Kugelschreiber, Kochtopf o.ä. –, selbst herzustellen, geschweige denn ein Auto, Telefon oder einen Computer.

Wir Menschen sind also faktisch aufeinander angewiesen – ob wir das nun wollen oder nicht. So typisch es beispielsweise für eine Meise ist, nach dem Verlassen ihres Nestes für sich selbst sorgen zu können, so typisch ist es für den Menschen, dass er gerade das nicht (mehr) kann, sondern stattdessen die Leistungen von Mitmenschen in Anspruch nehmen muss. Bemerkenswert ist, dass er darüber meistens ebenso wenig nachdenkt, wie die Meise über ihre Insektenjagd. Ja, mehr noch: Indem das Überleben des Menschen immer auf einem Leistungstausch beruht, entsteht eine Gelegenheit für den Handel. So kommt es schnell zu der Neigung, das eigene Angebot teurer zu machen als das nachgefragte. Das gewollte Missverhältnis zeitigt den erstrebten Gewinn. Und schon ist das eigentlich ursoziale Umgehen der Menschen miteinander – die eigenen Bedürfnisse in einem ausgewogenen Tausch aus den Leistungen der Mitmenschen zu befriedigen[40] – gestört und zum Einfallstor des schärfsten Egoismus geworden.

An dieser Bruchstelle zwischen einem ursozialen Verhalten, das sich den Grundlagen der gegenwärtigen Lebensart folgend entfalten könnte, und der Neigung, Mitmenschen im Austausch von Leistungen zu übervorteilen, findet sich die eigentliche soziale Herausforderung. Wäre die Menschenwelt eine »Meisenwelt«, würden wir wissen, dass die Welt allen Lebewesen grundsätzlich ideale Bedingungen bietet. Der »Garten«, in dem auch wir leben, unsere Mitwelt, verfügt über viel fruchtbaren Boden. Alle Nährstoffe und ausreichend viel Wasser sind stets verfügbar. Die klimatischen Bedingungen könnten bessere nicht sein, und die benachbarten Lebensräume ergänzen und bereichern den eigenen. In dieser zweifellos vom Grundsatz her idealen Welt könnten wir erkennen, dass auch wir Menschen »Kinder« dieser idealen Lebensbedingungen sind. Aber wir bemerken (nahezu täglich) auch, dass sich unter diesen idealen Bedingungen für uns Menschen dennoch kein durchgehend friedliches Leben ereignet. Irgendwo wirkt unaufhörlich irgendwie etwas Störendes, das die vermeintlich ideale, gleichgewichtige Ordnung allen Lebens durcheinanderbringt. Aber warum leben wir Menschen eigentlich nicht so friedlich zusammen, wie wir es eigentlich könnten?

Kurioserweise liegt das daran, dass wir uns nicht suffizient verhalten müssen, denn wir haben unsere Welt so eingerichtet, dass wir – anders als alle anderen Lebewesen – sehr lange Zeit mehr als genug aus ihr entnehmen können, ohne in Krisen zu geraten. Unter Aufgebot aller Kräfte haben wir eine Welt erschaffen, in der wir uns überhaupt erst so akratisch (altgriechisch ἀκρασία, *akrasia*, lateinisch *incontinentia*, »Willensschwäche«, »Unbeherrschtheit«, »Handeln wider besseres Wissen«) verhalten können. Die gesundheitlichen Folgen falscher Ernährung lassen lange auf sich warten, ebenso die Aufstände unterdrückter Mitmenschen oder der Zusammenbruch der Ökosysteme, und zwar darum, weil wir es verstehen, uns lange Zeit vor den Folgen unseres ungenügsamen, egoistischen Verhaltens zu schützen.

Das ist die Welt, in der wir existieren. Aber es ist zugleich auch der Freiraum, in dem wir überhaupt erst lernen, wirklich Mensch zu sein! Diese Tatsache als solche sollten wir gehörig ernst nehmen, also nicht einfach davon ausgehen, dass uns das Menschsein einfach geschenkt sei. Aber:

»Wenn Kultur der menschliche Beitrag zur Naturgeschichte ist, kann die Welt nicht so bleiben sollen, als wenn es keine Menschen gäbe. So richtig es ist, in der Umweltkrise dem Überschwang der Veränderung die möglichst weitgehende Enthaltsamkeit von den bisherigen Zerstörungen entgegenzusetzen: Uns so zu verhalten, als wären wir nicht da, scheint mir keine Lebensregel zu sein, die den Sinn des menschlichen Lebens trifft. Wieweit aber dürfen wir um den Preis anderen Lebens leben? Wofür sind wir verantwortlich und wo beginnt die Hybris? Wo scheiden sich Kultur und Zerstörung?«[41]

Wenn wir über ein freies Denken verfügen, aus dem heraus wir eigene Ideen umsetzen können, müssen wir uns zugleich unserer

Mitwelt, ihrer Bedürfnisse und Bedingungen, nicht nur instinktiv bewusstwerden, sondern sie auch willentlich zum Gegenstand unserer eigenen Entschlüsse und Handlungen machen. Wenn der Mensch evolutionsgeschichtlich einst aus dem Wir ausgeschert ist, um Ich sein zu können, kann er jetzt in eben dieses Wir zurückkehren – und zwar weil er bestenfalls genau das aus freien Stücken will.

Gemeinsames Leben

Bedienen wir uns einer holistischen Erkenntnisart, werden wir die Verbundenheit einfach nachvollziehen können, auf der die natürliche Ökologie und Ökonomie beruhen. Im ganzen Zusammenhang des Lebens gibt es nichts, was im Konzept des Ganzen nicht in irgendeiner Weise mit anderem verbunden wäre. Sinn und Leben aller einzelnen Formen des Daseins gehen so gesehen aus dem Ganzen hervor. Diese Verbundenheit ist auch für das soziale Miteinander der Menschen prinzipiell gegeben.

Weiterhin lässt sich konkret erkennen, dass sich das Leben des Ganzen auf verschiedenen Ebenen ereignet, mit denen die einzelnen Dinge und Wesen zusammenhängen. Am augenfälligsten ist (erstens) die gegenständliche Ebene der materiellen Erscheinung, von der sinnvollerweise (zweitens) eine Ebene der Lebenskräfte und (drittens) eine weitere der seelischen Tatsachen und Erfahrungen zu unterscheiden sind. Durch das Differenzieren dieser Ebenen ergibt sich eine erste natürliche Ordnung, in der die Mineralien, Pflanzen, Tiere und Menschen in ihren Charakteristiken erscheinen.

Die heutzutage vorherrschend betriebene Naturwissenschaft unterscheidet diese drei Ebenen nicht. Sie ist vielmehr darum bemüht, jede Form und Tatsache des Lebens zu erklären, indem sie sich auf Erscheinungen und Gesetze beruft, die auf der gegenständlichen, materiell-sinnenfälligen Ebene konstatierbar sind. Bezüglich des sozialen Lebens der Menschen sprach Auguste Comte, ein französischer Gelehrter und Schöpfer des Begriffs »Soziologie«, im 19. Jahrhundert schließlich sogar von einer »sozialen Physik« (*physique sociale*), die er nach Gesetzen einer »sozialen Statik« und »sozialen

Dynamik« unterschied. Dieses Vorgehen ist irreführend, weil sich sowohl Lebenskräfte wie auch seelische Tatsachen und Erfahrungen nicht mechanistisch erklären lassen, aber in ihren Eigenarten für das soziale Leben dennoch von nicht zu übersehender Bedeutung sind.

Analog zur Betrachtung der Naturreiche können wir nämlich auch für die soziale Gemeinschaft der Menschen von einem Beziehungsgeflecht in drei Ebenen sprechen. Wir alle leben (erstens) in der Gemeinschaft aller Menschen auf Erden, unter denen manche sind, mit denen wir (zweitens) aus den verschiedensten Gründen – Generationalität, kulturelle Prägung usw. – näher verbunden sind. Weiterhin gibt es (drittens) in unserem allernächsten Umkreis Menschen – Freunde, Familie usw. –, mit denen wir tiefere Lebenserfahrungen und Entwicklungsimpulse teilen.

Im Unterschied zu allen anderen Lebewesen kommt für den Menschen (viertens) auch noch hinzu, dass er in allen seinen sozialen Beziehungen bewusst zu handeln vermag. Kulturgeschichtlich lässt sich gut nachvollziehen, dass sich dieses Bewusstsein – einhergehend mit dem technischen und zivilisatorischen Fortschritt – bis in die Gegenwart hinein immer mehr und weiterreichend entwickelt. So sind die Menschen immer weniger darauf angewiesen, ihre Beziehungen zueinander instinktiv zu leben. Sie können sie stattdessen frei gestalten.

Besonders seit Mitte des 19. Jahrhunderts sind die sozialen Prozesse zu einem Gegenstand wissenschaftlicher Forschung geworden, was dazu führte, dass sich die Soziologie von Philosophie, Wirtschaftswissenschaft, Staatslehre und Völkerkunde löste und als eigenständige universitäre Disziplin etablierte. In ihr geht es seitdem nicht mehr nur um die sozialen Aspekte bestimmter Lebensbereiche und Handlungsfelder, sondern um ein allgemeines Verständnis von Sinn, Strukturen, Werten und Normen im sozialen Handeln. Für Letzteres definierte der Soziologe und Nationalökonom Max Weber Anfang des 20. Jahrhunderts vier »Idealtypen« – zweckrationales, wertrationales, affektuelles und traditionelles Handeln –, die als gedankliche Abstraktionen dem Verständnis der Wirklichkeit dienen.

Mit dieser Auffassung widersprach Max Weber seinem Bruder Alfred, der, ebenfalls angesehener Soziologe und Nationalökonom, von einem ganzheitlich-systemischen Ansatz ausging. Diesem folgend unterschied Alfred Weber drei Sphären des Sozialen – die Zivilisations-, Gesellschafts- und Kultursphäre – voneinander, denen er jeweils eigene Entwicklungsrhythmen und -verläufe zuordnete. Der Gegensatz der Anschauungen von Max und Alfred Weber steht exemplarisch für die widerstrebenden Auffassungen, nach denen Lebensvorgänge allein mechanistisch-funktional oder systemisch zu erklären seien.

Grundsätzlich sieht sich die Soziologie genauso wie die anderen Wissenschaften mit dem Phänomen konfrontiert, dass zwar eine Fülle von Fakten bekannt ist, aber die damit verbundene Komplexität so groß ist, dass eine überzeugende Ordnung nicht leicht erkannt werden kann. Darum ist es nötig, die eigene Erkenntnisart zu überdenken und zu erweitern.[42] Neben der Unterscheidung der verschiedenen Ereignisebenen, ist dafür eine systemische Betrachtung für das grundsätzliche Verständnis von Komplexität – in einzelnen Organismen wie auch im sozialen Organismus und im Weltganzen – hilfreich: Komplexität kann folglich im Sinne von drei Grundmerkmalen begriffen werden:

Vielfalt – das System enthält eine große Anzahl von Komponenten meist verschiedener Art. *Organisiertheit* – die vielen Komponenten sind zu diversen in Interaktion stehenden Strukturen organisiert. *Verbundenheit* – die Komponenten sind durch physische Glieder, Energieaustausch oder irgendeine Form von Kommunikation miteinander verbunden. Diese Konnexität erzeugt und erhält Reaktionen und organisiert Aktivität innerhalb des Systems. [...] Bei einem komplexen Organismus ist nicht nur die Struktur organisiert, sondern auch seine innere Aktivität. Die verschiedenen Teile sind physisch miteinander verbunden, sie tauschen Materie und Energie aus, und zwischen den vielen Komponenten und Subsystemen besteht ein Informationsfluss. [...] Bei einfachen lebenden Zellen erfolgt die Informationsübertragung durch den Dublikationsprozess ungeschlechtlicher Vermehrung.

Der Evolutionsschritt weiter zur sexuellen Reproduktion verlieh den Genen die Fähigkeit, Informationen von zwei Elternzellen auf eine neue Zelle zu transmittieren und vergrößerte somit das von einer Generation auf die nächste übergehende Informationsquantum. [...] Und schließlich bei der menschlichen Gesellschaft angelangt, finden wir die Entwicklung einer Vielfalt von Formen interpersoneller Kommunikation vor, wie Sprache, Schrift, Kunst und Musik, wozu in jüngster Zeit noch die elektronischen Kommunikationsnetze gekommen sind.«[43]

Idee und Ideal

Wenn es so ist, dass der Mensch evolutionsgeschichtlich zu einem Wesen wurde, das nur durch die Leistungen seiner Mitmenschen zu existieren vermag, und der Mensch auch in diesen Beziehungen zu freiem Denken und Handeln in der Lage ist, wird es darauf ankommen, ob und wie er sich selbst in dieser seiner besonderen Position im Weltganzen erkennt.

Die Haudenosaunee begegneten dieser zentralen Herausforderung für ein gedeihliches Zusammenleben mit der Aufforderung, sich der Verbundenheit mit sieben Generationen bewusstzuwerden. Damit wendet sich der Mensch der ätherischen Welt – der Orenda – zu, die zwischen der materiellen und seelischen Ebene zu verorten ist. Die Angehörigen der indigenen Völker früherer Zeiten konnten dieser Idee vermutlich mit einem Verständnis begegnen, das dem Erleben der Natur und der in ihr wirkenden Kräfte noch sehr nahe war. Wir Heutigen haben uns von dieser Nähe entfernt und leben in einem Bewusstsein von Gemeinschaft, das mehr auf technische Hilfsmittel als auf natürliche Empfindungen gegründet ist. Die permanente Erreichbarkeit von Informationen und vermeintlicher Nähe, die durch die sozialen Netzwerke vermittelt wird, unterminiert direkt das instinktive Erleben des Menschen der Gegenwart. Der Gegensatz zwischen latenten seelisch-geistigen Fähigkeiten und technischen Hilfsmitteln spitzt sich in der Konkurrenz um die Aufmerksamkeit des Menschen immer mehr zu. Letztlich geht es – man braucht sich im Alltag nur ein wenig umzusehen oder sich selbst einmal hinsichtlich der eigenen Gewohnheiten ernsthaft zu prüfen – darum, ob der Mensch die ihm zur Verfügung stehende Technik beherrscht oder ob er von ihr beherrscht wird.[44] Tatsächlich befindet sich der Mensch gerade in einem gewaltigen Transformationsprozess, auf den der Autor Philip Kovce in einem Beitrag zum Transhumanismus treffend hinweist:

»Die Natur des Menschen, die *conditio humana,* umfasst seit jeher eine *conditio transhumana,* ein Streben des Menschen über sich selbst hinaus. Seit jeher sind es Pflanzen und Tiere sowie Geschöpfe des Menschen, seine Werkzeuge und Maschinen, mit denen er sich verbindet, um gemeinsam mit ihnen über sich selbst hinauszukommen. Und damit er über sich selbst hinauskommt, denkt er, denn das Denken ist es, welches ihn über sich selbst hinausführt. So gesehen ist das Denken jene künstliche, übermenschliche Intelligenz, die den Menschen immer wieder transzendiert. Was wir dieser Tage als Transhumanismus kennen, als Vorstellung des Menschen, mittels Natur und Technik sich selbst zu übersteigen, ist nichts anderes als die reformierte Sehnsucht des Menschen danach, über sich selbst hinauszuwachsen. Doch tun wir dies, indem wir uns von Menschen zu Maschinen, von Denkern zu Rechnern, von bedenkenden zu berechnenden Wesen entwickeln – oder abwickeln? [...] Der Transhumanismus von heute reformiert nicht nur die Sehnsucht des Menschen danach, über sich selbst hinauszuwachsen, er reformiert ebenfalls die Sehnsucht danach, mit anderen zusammenzuwachsen. Der Mensch, der sich bilden, sich verbessern, über sich hinauswachsen will, ist der Protagonist des transhumanistischen Projekts. Wenn der Mensch mit der Natur oder Technik zusammenwächst, ja, gemeinsam mit ihnen über sich selbst hinauswächst, so wächst er zwar mit anderem zusammen, aber nicht mit anderen zusammen. Die Brücke, die der Transhumanismus schlagen will, trägt nicht dann am besten, wenn sie den Menschen mit der Natur oder der Technik verbindet, sondern wenn sie ihn mit dem anderen Menschen verbindet.«[45]

Dass dem Verständnis des sozialen Lebens nicht mehr nur durch deterministische Vorstellungen, sondern durch das systemisch angelegte Studium von Phänomenen der Selbstorganisation begegnet werden kann, wird zunehmend Gegenstand der allgemeinen wissenschaftlichen Forschung. Hier zeigt sich die Aktualität der bereits im 12. Jahrhundert geprägten Vorstellung von der Existenz des Menschen in einem lebendigen Zusammenhang mit einem Generationenumfeld. Indem diese Idee heutzutage zu einem Ideal werden kann, wird aber auch bald deutlich, dass die Entwicklung eines darauf gerichteten klaren Bewusstseins durch die potentiell unbedachte Handhabung der modernen Informationstechnologie gefährdet ist. Dazu schreibt der Neurobiologe Gerald Hüther:

»Noch im vorigen Jahrhundert herrschten deterministische Vorstellungen über die Strukturierung lebender Systeme durch genetische Programme vor. Sie wurden und werden durch neue Erkenntnisse über die nun zunehmend besser sichtbar und messbar werdende Fähigkeit lebender Systeme zur Selbstorganisation abgelöst. Eine Vielzahl von Einzelbefunden und Metaanalysen macht deutlich, dass sich selbst organisierende Beziehungsmuster für nachfolgende Strukturbildungen auf allen Ebenen der Entwicklung lebender Systeme verantwortlich sind: im Verlauf der Embryonalentfaltung, bei der Entstehung von Ökosystemen oder bei der Herausbildung sozialer Systeme. Als ›Nebeneffekt‹ der Einführung technologischer Innovationen wird Selbstorganisation offenbar nun, zu Beginn des 21. Jahrhunderts, zu einem Schlüsselbegriff des Verständnisses von Entwicklungs- und Transformationsprozessen des Lebendigen. Auch Entwicklung und Wandlung im Bereich des Sozialen, im Zusammenleben von Menschen und in ihrer Beziehungskultur, sind Ausdruck derartiger sich selbst organisierender Prozesse. – Selbstorganisation erfolgt allerdings nicht im luftleeren Raum, sondern innerhalb der jeweils herrschenden Rahmenbedingungen, und die Einführung und Ausbreitung innovativer Technologien verändert diesen Rahmen nachhaltig und irreversibel. Nach diesem Grundprinzip der Selbstorganisation werden sich deshalb auch die Beziehungen zwischen den Mitgliedern unserer bisher entstandenen sozialen Systeme grundlegend und anhaltend verändern.«[46]

In zunächst chaotischen sozialen Systemen lässt sich beobachten, dass eine Ordnung unabhängig von den Maßnahmen eines einzelnen Organisators zustandekommen kann. Sie bildet sich gleichsam »wie von selbst«, also ohne erkennbare steuernde Elemente. Wesentlich sind dafür – statt klar auszumachender Ursachen oder Zielvorgaben – die Wechselwirkungen zwischen den Beteiligten. Das Ganze für sich genommen ist insofern mehr als die einzelnen Teile, weil Letztere sich in einer bestimmten Weise zueinander ordnen und verhalten, noch bevor das aus der jeweils eigenen, einzelnen Natur hervorgegangen ist.

In einigen Urvölkern war das bereits bekannt, weshalb man den Stammes- und Clanstrukturen eine besondere, übergeordnete Bedeutung beimaß. Zweifellos lässt sich das im Hinblick auf die gemeinsame Sicherung der Lebensbedingungen unter unwirtlichen äußeren Bedingungen erklären – gemeinsame Jagd, Eroberung und Verteidigung von Territorien usw. –, geht aber potentiell darüber noch weit hinaus. Es war nämlich absolut innovativ, dass die Haudenosaunee des 12. Jahrhunderts die Erfahrung von Gemeinschaft und Gemeinsamkeit mit dem Sieben-Generationen-Gewahrsein und dem Gesetz des großen Friedens *in erster Linie zu einer Angelegenheit des Bewusstseins* machten. Stammes- und Clanstrukturen sowie die Tatsache der biologischen Abstammung sollten explizit in den Hintergrund treten. So gelang es damals erstmals, eine multikulturell veranlagte, zutiefst demokratische Verfassung zu schaffen, die für eine Konföderation verschiedener, früher verfeindeter Stämme zur Anwendung kam.

Soziale Transformationsprozesse führen gegenwärtig (wieder) dazu, dass neue Formen der Gemeinschaftsbildung entwickelt und ausprobiert werden. Besonders seit Mitte des 20. Jahrhunderts tritt dieses Phänomen in verschiedenen Variationen – Wohngemeinschaften, Kommunen, Ökodörfer, aber auch neue Beziehungsmodelle in

Partnerschaften und Organisationen – verstärkt in Erscheinung. Vor diesem Hintergrund lässt sich konstatieren, dass die Ideen der Haudenosaunee zu hilfreichen Idealen werden könnten, wenn wir nicht nur begreifen, dass Lebensformen selbstorganisiert entstehen, sondern wir die darin wirkenden Kräfte auch bewusst handhaben lernen. Wenn »wichtige Entscheidungen« im Alltag früherer Zeiten auf den unmittelbar sichtbaren Lebensumkreis beschränkt waren, reichen deren Wirkungen in der heutzutage globalisierten Welt potentiell ja stets wesentlich weiter. Indem wir das begreifen, verändert sich zugleich unsere Vorstellung von der Natur des Menschen:

»Menschen als Einzelwesen gibt es ebenso wenig wie ein Gehirn ohne Körper. Um ein Mensch zu werden und Gestalter unseres Lebens sein zu können, brauchen wir andere Menschen, brauchen wir Gemeinschaften, deren Mitglieder einander als Subjekte begegnen, statt sich gegenseitig zu Objekten ihrer Erwartungen und Bewertungen, ihrer Ziele und Absichten, ihrer Maßnahmen und Anordnungen – auch irgendwelcher Verordnungen, Ideologien oder sozialen Sicherungssystemen – zu machen. Damit ist klar, wohin die Reise geht. Offen bleibt nur noch, wann wir uns auf den Weg machen.«[47]

Das gewollte Wir

Indem man nachvollzieht, wie sich im Zuge der Entwicklung der heutigen, technischen Kulturen das Verhältnis zwischen dem Menschen und seiner Mitwelt verändert hat, wird man vor allem die dringende Aufgabe darin finden, ein neues Verhältnis zur Natur zu begründen. Neu insofern, als dass anstelle der weitgehend verlorenen instinktiven Verbindung zur Mitwelt und zu allen Mitwesen eine bewusst erkannte und gewollte treten muss. Im Sinne der Haudenosaunee geht es dabei um die Verbindung mit den Lebenskräften einer generationenüberspannenden Weisheit.

Die Aussage, die der Journalist Ludwig Börne Anfang des 19. Jahrhunderts prägte, dass Geschichte die Biographie der Menschheit sei, trifft es ziemlich gut, denn sie impliziert, dass es sich bei der sozialen Gemeinschaft aller Menschen um einen eigenen Organismus handelt, zu dem ergo ein eigenes Leben gehört. Geschichtliche Erscheinungen und Ergebnisse lassen sich – ebenso wie die Blätter und Blüten der Pflanzen – unter dieser Voraussetzung als Ausdruck einer realen Lebenskraft verstehen. Sie sind Ausdruck für einen fundamentalen Wandel des Bewusstseins, wie er sich gegenwärtig ereignet. Dieser bietet Gelegenheit dafür, reduktionistische Erklärungsmuster zu überwinden, die aufgrund ihrer Einseitigkeit den Erscheinungen des Lebens nicht gerecht werden,[48] solange sie nicht um das Element einer ganzheitlichen Sichtweise ergänzt werden. Sie muss wiederum vor allem an einem umfassenden, sorgenden und pflegenden Interesse ausgerichtet sein.

Die Haudenosaunee sahen eine wichtige Aufgabe darin, die in allen Lebensformen zusammenwirkenden, eigentlich gegensätzlichen Kräfte zu vereinen. Diesem Konzept folgend, verstanden sie das dem ganzen Universum zugrunde liegende Männliche und Weibliche – mit diesen Begriffen bezeichneten sie alle polaren Gegensätze wie Tag und Nacht, heiß und kalt, geboren und ungeboren usw. – als Aspekte, die ausbalanciert werden müssen, um Harmonie zu erreichen. Diese Vorstellung fand ihren Niederschlag in den Gestaltungen der sozialen Verhältnisse, insbesondere im Ausbilden einer im Kern matriarchalen Kultur.

In ihrer Mythologie tradierten die Haudenosaunee das Bild von einer himmlischen Mutter, von der alles Leben auf Erden ausgeht. Unter den Menschen galten ihnen die Frauen davon abgeleitet als unmittelbare Nachfahren der himmlischen Mutter, weshalb man ihnen mit besonderer Verehrung begegnete:

»In unserer Gesellschaft sind Frauen der Mittelpunkt aller Dinge. Wir glauben, dass die Natur Frauen die Fähigkeit gegeben hat, etwas zu erschaffen. Daher ist es nur natürlich, dass Frauen in Machtpositionen sind, um diese Funktion zu schützen. [...] Wir verstehen die Linie unserer Clans durch Frauen; ein in die Welt geborenes Kind übernahm die Clan-Mitgliedschaft seiner Mutter. [...] Die jungen Frauen erhielten formellen Unterricht in traditionellem Pflanzen. [...] Da die Irokesen absolut von den Ernten abhängig waren, die sie anbauten, übte jeder, der diese lebenswichtige Aktivität kontrollierte, in unseren Gemeinden große Macht aus. Wir waren der Überzeugung, dass Frauen, da sie die Lebensspenderinnen waren, die Ernährung unseres Volkes auf natürliche Weise regulierten. [...] In allen Ländern ergibt sich realer Wohlstand aus der Kontrolle von Land und seinen Ressourcen. Unsere Irokesenphilosophen kannten dieses Naturgesetz genauso gut wie wir. Bei uns war es für Frauen sinnvoll, das Land zu kontrollieren, da sie viel empfindlicher für die Rhythmen der Mutter Erde waren. Wir besaßen das Land nicht, waren aber dessen Verwalter. Unsere Frauen entschieden über alle Fragen, die das Territorium betrafen, einschließlich des Aufbaus einer Gemeinde und der Nutzung des Landes. [...] In unserem politischen System haben wir volle Gleichheit gefordert. Unsere Führer wurden von einer Gruppe von Frauen ausgewählt, bevor die Ernennungen einer öffentlichen Überprüfung unterzogen wurden. Unsere traditionellen Regierungen setzen sich zu gleichen Teilen aus Männern und Frauen zusammen. Die Männer sind Häuptlinge und die Frauen Clan-Mütter. [...] Als Führungspersönlichkeiten überwachen die Frauen die Handlungen der Männer genau und behalten sich das Recht vor, gegen Gesetze, die sie für unangemessen halten, ein Veto einzulegen.«[49]

Wie würde es sein, wenn es gelänge, die wichtigsten Grundelemente dieser alten indigenen Kultur in die Gegenwart zu übertragen? Wie wäre es, wenn wir Menschen uns nicht mehr durch den allgegenwärtigen Wachstumswahn treiben ließen, sondern stattdessen mit ebenso großer Energie das Erreichte bewahren und pflegen würden?

Um sich dem nähern und die entsprechenden Fähigkeiten entwickeln zu können, wird es zunächst darauf ankommen, dass die gegenwärtigen Verhältnisse als mindestens unvollkommen, wenn nicht gar als kritisch erkannt werden. Das wird immer von der Empfindung begleitet sein, dass es den Menschen noch nicht wirklich gelungen ist, ihre potentiellen Fähigkeiten zum Wohl des Ganzen optimal einzusetzen. Diese Erkenntnis ist bereits sehr wertvoll, denn sie beinhaltet, dass es dem Menschen durchaus möglich ist, im Sinne des Weltganzen zu handeln und nicht nur aufgrund persönlicher, egoistischer Interessen.[50] Gerade das erkennen wir Menschen ja derzeit ganz deutlich an all den Schwierigkeiten und Krisen, mit denen wir uns konfrontiert sehen!

Im Sieben-Generationen-Gewahrsein der Haudenosaunee, das auf einen Willen zu Ausgleich, Versöhnung und Heilung ausgerichtet ist, gilt es zunächst, Gesichtspunkte für die eigenen wichtigen Entscheidungen und das darauf folgende Handeln nicht nur aus den eigenen Bedürfnissen und Beziehungen des Nahbereichs, sondern, darüber hinaus, aus dem Bewusstsein der vorangegangenen und folgenden Generationen zu gewinnen. Soweit das gelingt, werden die persönlichen Entscheidungen aus einem Ich hervorgehen, das sich vorher ganz der Welt zuwandte, indem es sich willentlich mit der ganzen Weite und Güte eines umfassenden Wir verbunden hat.

Philosophische Aspekte

Eine der wichtigsten Erfahrungen des Menschen ist die seiner selbst. Sein waches Bewusstsein entwickelt sich zunächst daran, dass er im Laufe seines Lebens den Unterschied zwischen sich selbst und allem anderen immer stärker erlebt. Dabei fühlt er sich schließlich von der Welt umgeben – wie im Mittelpunkt eines Kreises –, in welcher er prinzipiell alles zum »Gegen«-stand seiner Wahrnehmungen und Handlungen machen kann. Auf dieser Art der bewussten Teilhabe an den Tatsachen der ihn umgebenden Welt beruht seine personale Existenz.

Aber obwohl Separation der Schlüssel zur Individuation ist, handelt es sich dabei nur um eine Etappe auf dem Weg, denn der Mensch ist nicht nur dazu veranlagt, sein Selbst aufgrund der Erfahrung eines Nicht-Selbst zu erkennen, sondern zugleich auch dazu, diese Trennung willentlich wieder zu überwinden. Letzteres war den Haudenosaunee besonders wichtig. Im Sieben-Generationen-Gewahrsein in seiner schlichten Klarheit ist nämlich – wie die Pflanze in einem Samenkorn – die Erkenntnis verborgen, dass jeder Mensch *verstehen kann*, dass alle eigenen Handlungen nur aufgrund der Vorleistungen früherer Generationen möglich sind, und ebenso, dass sie für kommende Generationen immer folgenreich sein werden. Zu dieser Einsicht ist, im Unterschied zu allen anderen Lebewesen, nur der Mensch in der Lage. Er überwindet damit die ursprüngliche, durch sein Selbstbewusstsein bedingte Separation.

Denn so charakteristisch und zentral bedeutend das Selbstbewusstsein auch ist, birgt es die Gefahr, einem folgenschweren Irrtum zu erliegen: Weil Selbstbewusstsein gerade darauf beruht, dass alles andere als Nicht-Selbst verstanden wird, kann es leicht zum – ebenfalls typisch menschlichen – Postulat kommen, dass es eine solche grundsätzliche Gegensätzlichkeit über das konkrete sinnliche Erleben der materiellen Welt hinaus gibt. Damit würde aber die Gesetzmäßigkeit der subjektiven Erkenntnis irdischer Phänomene fälschlicherweise auf ein ganz anderes, geistiges Gebiet übertragen. Wenn dieser Irrtum nicht durchschaut wird, entwickelt sich leicht eine Ethik, die für das Zusammenleben fatale Wirkungen zeitigt. Der britische Mathematiker und Gelehrte östlicher Philosophien Peter Russell macht deutlich, welche das sind:

»Das Unterscheiden von Selbst und Welt führt letztlich zu einer Lebenseinstellung, die auf die Formel ›du oder ich‹ hinausläuft, bei einzelnen wie bei ganzen Gruppen oder Völkern. Menschen suchen einander auszustechen, um an der Spitze zu bleiben, Wissenschaftler halten Forschungen geheim, um sie als erste veröffentlichen zu können, Staaten kämpfen um Bodenschätze, weil sie diese nicht gemeinsam nutzen wollen, und reiche Länder horten Getreide, weil Hungersnöte in anderen Ländern in ihrem eigenen wirtschaftlichen und politischen Interesse liegen.«[51]

Für den Menschen ist mit der Veranlagung und Fähigkeit zum Selbstbewusstsein also einerseits das unverkennbare Risiko verbunden, der Welt großen Schaden zuzufügen. Andererseits ist ihm die große Chance des selbstbestimmten, mithin freien Lebens buchstäblich in Herz, Verstand und Hand gelegt. Insofern er angesichts dieser Möglichkeit das Bewusstsein seiner selbst aber mit einer generationenweiten Verantwortung verbindet, wird er, ebenfalls mit den entsprechenden Folgen für das gesamte System, verantwortlich handeln.

Die Natur, der Mensch und die Mitwelt

Die Unterscheidung von Selbst und Nicht-Selbst prägt nicht nur das Verhältnis des Menschen zu seinen Mitmenschen, sondern auch das zur Natur. Was er dort vorfindet, will und kann er nach Gutdünken beeinflussen. Da er sich selbst zugleich vor unliebsamen Einflüssen der Natur zu schützen vermag, entsteht für den Menschen sogar so etwas wie ein eigener Lebensraum, in dem der Absicht nach nur das geschieht, was er selbst für richtig hält und will. Dieser Lebensraum, für den der Mensch sein Selbst gleichsam über sich hinaus in die Natur hinein erweitert, ist etwas anderes als es die Natur ohne den Menschen noch war.

Wie jedes andere Lebewesen existiert der Mensch in irdischen Verhältnissen und Stoffen, die er für den Erhalt seines Lebens braucht. Den darauf gerichteten Bedürfnissen wird er, ebenfalls wie alle anderen Lebewesen, immer folgen. Damit ist *die* elementare Verbindung zur Welt gegeben. Ebenso ist der entscheidende Impuls für die dauernde Wandlung und Entwicklung von allem gesetzt, denn durch das Leben des Menschen in und mit den Verhältnissen und Stoffen wird die Welt zu einer anderen gemacht. In diesem umfassenden, natürlichen Prozess ist der Mensch zu einem Bewusstsein erwacht, das es ihm ermöglicht, nicht nur Selbst zu sein, sondern auch selbständig zu handeln. Sein Lebensraum ist darum, anders als bei allen anderen Lebewesen, im übertragenen Sinne mit einer eigenen Handschrift versehen, die sich von jeder natürlichen mehr oder weniger deutlich unterscheidet.

Der US-amerikanische Philosoph Ralph Waldo Emerson erklärte diesen Unterschied als den zwischen Natur und Kunst.[52] Während Kunst die Verbindung der Welt mit dem Willen des Menschen verkörpert, tritt durch die Natur etwas anderes in Erscheinung, nämlich »...die Ganzheit des Eindrucks den mannigfaltige natürliche Objekte machen. Dies ist es auch, was das Scheit des Holzfällers vom Baum des Dichters unterscheidet.«[53] Diese Ganzheit, so Emerson, ist wie die Wirkung »...eines höheren Gedankens oder einer edleren Gemütsbewegung, die über mich kommt, wenn ich meinte, ich dächte richtig und handelte recht.«[54]

Emerson versteht also den besagten Lebensraum des Menschen als Kunst, die den Willen des Menschen verkörpert, und stellt dieser die Natur gegenüber, die einen Eindruck von der Ganzheit vermittelt. Hier sind im Hinblick auf die beiden Seiten der äußeren, irdischen Verhältnisse zwei, eigentlich zusammengehörige Qualitäten angesprochen, die zunächst getrennt erscheinen: Der Mensch hat zugunsten seines freien Willens die Ganzheit aus dem Blick verloren und ist nun dazu angehalten, zum Eindruck der Ganzheit wieder fähig zu werden. So wird er sich eben genau darin finden – in einem zweiten Schritt der Erkenntnis, sozusagen als Selbst im Wir. Emerson beschreibt ja direkt die davon ausgehende, wohltuende Wirkung »eines höheren Gedankens oder einer edleren Gemütsbewegung«. Es stellt sich nun also die Frage, wie der Mensch in seinem höchst individuell geprägten Lebensraum einen ganzheitlichen Eindruck von der Natur gewinnen kann. Wie wird es möglich, Getrenntes wieder zu vereinen?

Weil diese Fragestellung vom 19. Jahrhundert an durch die seinerzeit einsetzende Industrialisierung an Brisanz gewann, ist das Werk Ralph Waldo Emersons von so großer Bedeutung. Als durch die zunehmende materialistische Ausrichtung der Naturwissenschaften die Philosophie aus dem Diskurs gedrängt zu werden drohte, bewahrte Emerson die Bedeutung der Naturphilosophie. Daran konnte im 20. Jahrhundert, etwa durch den bereits zitierten Klaus Michael Meyer-Abich und andere, glücklicherweise angeknüpft werden.

Von besonderer Bedeutung für Emerson mag es gewesen sein, dass sich sein Freund und Schüler Henry David Thoreau zu dem Experiment entschlossen hatte, zwei Jahre in weitgehender Einsamkeit und Unabhängigkeit von der Zivilisation zu leben. Emerson hatte ihm dafür ein Grundstück am Walden-See bei Concord zur Verfügung gestellt, auf dem Thoreau sich ein einfaches, kleines Blockhaus baute. Hier machte der junge Philosoph und Schriftsteller essenzielle Erfahrungen der tiefsten Verbundenheit seiner selbst mit der Natur. Wenn er schrieb: »Wie sollte ich nicht in Einklang mit der Erde leben? Bin ich nicht selbst zum Teil Blatt und Humus?«,[55] traf das Emersons Überlegungen; ebenso verhielt es sich mit den veränderten Wertvorstellungen Thoreaus:

»Die größten Reichtümer und Werte werden am wenigsten geschätzt. Wir sind nur zu leicht bereit, an ihrer Existenz zu zweifeln, und vergessen sie schnell. Sie aber sind die höchste, die eigentliche Wirklichkeit. Die verblüffendsten Tatsachen werden in ihrer ganzen Realität kaum jemals von Mensch zu Mensch mitgeteilt. Die wahre Ernte meines täglichen Lebens ist etwas so Unberührbares, so Unbeschreibliches wie die Himmelsfarben am Morgen oder Abend; sie ist eine Handvoll eingefangenen Sternenstaubs, ein Stückchen Regenbogen.«[56]

Betrachtet man anhand der Werke Emersons und Thoreaus den Zusammenhang von Philosophie und Experiment – Emerson hatte sein Buch »Nature« im Jahr 1836, neun Jahre bevor Thoreau sein Blockhaus bezog, veröffentlicht –, gewinnt man einen beispielhaften Eindruck davon, wie und mit welchem Resultat Natur und Kunst wieder vereint werden können.

Der Lebensraum am Walden-See war so beschaffen, dass manches zur Selbstversorgung zur Verfügung stand. Thoreau konnte sich darum darauf beschränken, nur sechs Wochen pro Jahr einer entlohnten Erwerbsarbeit nachzugehen, um die Dinge des täglichen Lebens bezahlen zu können, die er nicht selbst erzeugen oder herstellen konnte. Seine überschaubaren Lebensverhältnisse boten ihm also genügend Gelegenheit dafür, die eigenen Bedürfnisse im Verhältnis zu den konkreten Möglichkeiten der Selbst- und Fremdversorgung zu erleben.

Eine solche Möglichkeit bietet sich dem Menschen heutzutage nur noch selten. Ohne besondere Anstrengung bleibt ihm verschlossen, dass und wie weitgehend sein eigener Lebensraum einerseits auf natürlichen Grundlagen aufgebaut und dessen Bestand andererseits zugleich von den Leistungen vieler Mitmenschen abhängig ist. Aber es ist gerade diese Einsicht, die den Menschen überhaupt erst in die Lage versetzt, Leben und Gemeinschaft systemisch zu denken, also das sonst getrennt erscheinende in seiner ganzen Größe zu erkennen.

Selbstorganisation

Leben ist dort, wo etwas Seiendes durch Bedürfnisse mit den Bedingungen und Stoffen für seinen Erhalt mit der Welt verbunden ist. Das erfahren die Wesen der verschiedenen Naturreiche und handeln entsprechend. Der Mensch vermag es jedenfalls, rück- und vorausschauend Ideen zu entwickeln und so seine Verbindung mit der Welt nach eigenem Gusto zu gestalten. Indem er seine geistigen Fähigkeiten für die Erkenntnis einsetzt, dass sowohl die natürlichen Grundlagen seiner Existenz wie auch die Bedingungen seines typisch menschlichen Handelns essenziell mit Vorangegangenem und Folgendem verknüpft sind, gewinnt er einen Eindruck von einem Ganzheitlichen, das allem weltlich Getrennten zugrunde liegt.

Das Sieben-Generationen-Gewahrsein der Haudenosaunee ist genau darauf gerichtet. Es bezieht sich implizit ja nicht nur auf Generationen von Menschen, sondern auch auf die von ihnen geschaffenen und gepflegten Lebensräume – und zwar über die Gegenwart hinaus bis in die Vergangenheit und Zukunft hinein. Dadurch wird der Ansatz zu einem systemischen, dem Eindruck der Ganzheit zugewandten.

Damit beschäftigten sich nicht nur Emerson und Thoreau, sondern beispielsweise auch Immanuel Kant, der den Begriff der Selbstorganisation zur Charakterisierung der belebten Sphäre einführte, und Friedrich Wilhelm Joseph Schelling mit seiner Naturphilosophie. Im Kern geht es um eine Theorie der Emergenz (lateinisch *emergere* »Auftauchen«, »Herauskommen«, »Emporsteigen«), also darum, die besonderen Eigenschaften eines Systems zu verstehen, die nicht jene ihrer Teile, sondern etwas ganz anderes sind.

Indem man sich unter den Vorzeichen der Selbstorganisation nicht nur mit einzelnen Lebewesen, sondern mit Gemeinschaften von Lebewesen beschäftigt, wird bedeutenderweise ein System als eigener Organismus verstanden. Ein Organismus ist, was er ist, weil er sich von anderen Organismen klar unterscheidet, in eigener Weise Bedürfnissen folgt, Erfahrungen sammelt und sich entwickelt. Diese vier Phänomene zusammengenommen vermitteln den elementaren Eindruck von einem Lebewesen.

Zu den Tatsachen des Lebens gehört, dass Entwicklung zuweilen an Punkte führt, an denen etwas völlig Neues in Erscheinung tritt, was nicht aus dem Fortschreiben von Vorangegangenem abgeleitet werden kann. Ein simples Beispiel dafür ist die Blüte einer Pflanze, die in gewisser Weise so unvermittelt erscheint, als habe die Natur dafür einen Sprung gemacht. Ein anderes, kompliziertes Beispiel für Emergenz sind das Auftreten und die Eigenschaften des Bewusstseins durch das Gehirn, dessen Funktion unter anderem auf einer riesigen Zahl von Nervenzellen beruht, was allerdings nicht erklärt, was Bewusstsein für sich genommen überhaupt ist. In solchen Fällen haben wir es mit dem Wunder des Lebens zu tun, insofern wir »etwas« bemerken, das zu einem Leib, respektive zu einem System gehört und anderes ist als die Summe seiner Teile. Offensichtlich gehört zu jedem Leib ein Lebewesen, das darin autopoietisch (altgriechisch αὐτός, *autos*, deutsch »selbst« und ποιεῖν, *poiein* »schaffen, bauen«) wirksam ist.

Mit dem Phänomen des Auftretens emergenter Eigenschaften beschäftigen sich Wissenschaftler und Philosophen auch im Blick auf soziale Gemeinschaften. Weil es auch in diesem Bereich vielfältige, mittlerweile gut dokumentierte Beispiele für Emergenzen gibt – Herden- und Schwarmverhalten der Tiere, Gruppendynamik zwischen Menschen usw. –, sind neue Ansätze zum Verständnis lebender Systeme entwickelt worden.[57] Vor diesem Hintergrund gewinnt die Jahrhunderte alte Vorstellung der Haudenosaunee von einer lebendigen, Generationen übergreifenden Verbundenheit der Menschen eine bemerkenswerte Aktualität.

Paradigmenwechsel

Beim Sieben-Generationen-Gewahrsein handelt es sich um eine direkte Aufforderung zum Umdenken. Es geht darum, die gewohnten, ausgetretenen Pfade zu verlassen, genauer gesagt das selbstbezogene, bloß auf den eigenen Vorteil bedachte Verhalten durch ein anderes, am Gemeinwohl orientiertes zu ersetzen. Damit wird die unbedingte Bedeutung jenes Glaubenssatzes relativiert, der sich für den Menschen zunächst aus der Tatsache seiner irdischen Existenz und der damit einhergehenden Bedürftigkeit ergibt, selbstbezogen für sein Überleben sorgen zu müssen.[58]

Das wiegt besonders aus heutiger Sicht schwer, denn kaum hatte man im 19. Jahrhundert entdeckt, dass die Entfaltung des Lebens auf Entwicklung beruht, wurde diese neue Denkweise schon mit der Vorstellung vom Kampf ums Dasein ergänzt. Mit vielerlei Beobachtungen meinte man belegen zu können, dass Konkurrenz und die Behauptung des Stärkeren für die Richtung und den Verlauf der Evolution entscheidend sind. Diese Vorstellung wurde zu einem Paradigma, das bald auf jede Form von Leben und Gemeinschaft angewendet wurde.

Aber gerade jetzt, also in einer Zeit, in der wir uns mit den kritischen Folgen des egoistischen, einseitig vom Konkurrenzdenken des Menschen gesteuerten Verhaltens konfrontiert sehen, sollten wir das Paradigma vom Kampf ums Dasein infrage stellen. Das kann besonders gut und zielführend gelingen, wenn wir an unserer mentalen Einstellung arbeiten, um dadurch unsere Wahrnehmungsfähigkeiten zu erweitern,[59] die sich gleichviel auf unsere Mitwelt wie auf uns selbst beziehen. Unter den so geänderten Voraussetzungen entwickelt sich ein holistisches Welt- und Menschenbild. Einzelnes erscheint als Ausdruck eines Ganzen, eines Holons (von griech. ὅλος, *hólos* und ὀν, *on* »das Teil eines Ganzen Seiende«), das als Typus jedem Gegenstand der Wahrnehmung zugrunde liegt.

Spirituelle Aspekte

Das Sieben-Generationen-Gewahrsein bewirkt die Erweiterung des Bewusstseins über die persönlichen Belange hinaus. Dafür werden die Motive eines einzelnen willentlich-bewusst mit denen einer generationenweiten Verantwortung verknüpft. Ein Mensch reflektiert über seine Existenz sowie über die damit verbundene Vor- und Folgegeschichte. Eine solche Handlung, bei der die Aufmerksamkeit mit einer überzeitlichen Ereignisebene verbunden wird, kann, weil sie der geistigen Erlebnisfähigkeit und Entwicklung dient, im besten Sinne als spirituell bezeichnet werden.

Um genauer verstehen zu können, worum es dabei geht, ist es wichtig zu berücksichtigen, dass wir stets auf zweierlei Weise mit der Welt verbunden sind. Einerseits sind es äußere – existenzielle – Erfahrungen, die wir mit unseren Sinnen an der gegenständlichen Welt machen, andererseits sind wir ebenso mit inneren – essenziellen – Erlebnissen verbunden, die sich in unserem Denken ereignen. Indem beide Erfahrungsebenen miteinander verknüpft werden, erkennen wir *in unserem Bewusstsein* die Wirklichkeit. Dieser Vorgang der Verknüpfung, der sich meistens bis zu einem gewissen Grad unwillkürlich ereignet, kann willentlich bewusst gesteigert werden.

Wie man darauf aufmerksam werden kann, möchte ich mit einem einfachen Beispiel verdeutlichen: Ich betrachtete einmal gemeinsam mit einem Maler eines seiner Bilder, auf dem man viele Mohnblüten sah. Die dominierende Farbe war also rot. Der Maler hatte sehr gekonnt viele Nuancen dieser Farbe wiedergegeben und dem Bild dadurch seine Frische und Tiefe verliehen. Als ich ihm das sagte, fragte er ganz schlicht und einfach: »Was ist eigentlich das Rot?« Zum einen sahen wir auf die in großer Varianz zwischen Zinnober- und Karminrot sowie in unterschiedlicher Sättigung auf die Leinwand aufgetragene Farbe. Zum anderen erkannten wir darin das allem Gemeinsame, nämlich »das« Rot. Dieses eigentliche Rot an sich ist aber ein reiner Gedankeninhalt, eine geistige Erfahrung, aufgrund derer die Farbe in jeder möglichen Verschiedenheit in der äußeren, gegenständlichen Welt überhaupt nur als Wirklichkeit erkannt wird.

Diesem Prinzip folgend, kann alles betrachtet werden. In der ganzen Vielfalt der unbelebten und belebten Welt erkennt man dann Typen, die als Ganzes den Teilen zugrunde liegen. Sogar unsere Gedanken selbst können in diesem Sinne Gegenstand der Betrachtung sein. Aber ich betone ausdrücklich, dass diese Art der Spiritualität, die von sorgfältigen Beobachtungen und klaren Gedanken ausgeht, etwas vollkommen anderes ist als ein unbewusstes Einlassen auf Kräfte, die möglicherweise nur dumpf gefühlt werden, dann aber doch weitgehend unverstanden bleiben oder bloß physikalisch-mechanistisch interpretiert werden.

Die innere Haltung, die für das Wesentliche empfänglich sein lässt

Ist es überhaupt sinnvoll, vor jeder wichtigen Entscheidung gründlich nachzudenken, noch dazu in dem Sinne wie es von den Haudenosaunee vorgeschlagen wird? Grundsätzlich ist es wohl jedem klar, dass gedankenloses Handeln meistens zu unbefriedigenden Ergebnissen führt. Aber es ist nicht gleichgültig, an welchen Motiven man sich für sein Nachdenken orientiert. Dafür gibt es viele Möglichkeiten, zum Beispiel das Motiv, etwas genauso zu tun, wie es schon immer getan wurde, oder so, dass es technischen, sozialen oder ethischen Voraussetzungen entspricht. Gemeinsam ist diesen und anderen möglichen Varianten gleicher Art, dass sie sich auf einen Kanon von Erkenntnissen, Verabredungen oder Gewohnheiten beziehen, der als solcher anerkannt wird. Das Sieben-Generationen-Gewahrsein der Haudenosaunee bezieht sich aber auf etwas ganz anderes, nämlich darauf, dass sich ein einzelner sieben Generationen bewusst wird. Dieses Bewusstsein des einzelnen steht an der Stelle eines irgendwie überlieferten Kanons, die sieben Generationen an der Stelle konkreter Handlungsempfehlungen. So gesehen setzt das Sieben-Generationen-Gewahrsein ein doppeltes Vertrauen voraus, nämlich das des Menschen in sein eigenes Denken und dasjenige in eine wirksame Präsenz einer überzeitlichen Wirklichkeit.

Demgegenüber ist es üblicherweise für unser alltägliches Leben bezeichnend und wichtig, dass wir uns in einem geordneten Rahmen bewegen. Es beginnt mit der allgegenwärtigen Ordnung, der zufolge der Ablauf der Zeit gemessen und mit Hilfe von Uhren und Kalendarien abgebildet wird. Ebenso verhält es sich mit allen anderen physikalischen Größen, die aufgrund der Anwendung bestimmter Ordnungen und Klassifikationen für das alltägliche Leben der Menschen anwendbar sind. Dieses Prinzip der Erkenntnis und Erklärung wird auf alle anderen Bereiche des Lebens angewendet, bis wir aufgrund eines so geordneten Bildes über das gewohnte Gefühl der Sicherheit verfügen, das uns selbstbewusst mit der Welt und unserem Leben umgehen lässt.

Indem wir unsere Verbindung mit der Welt in dieser Art und Weise ordnen, versetzen wir uns in die Lage, die Menschenwelt in ihrer großartigen Perfektion aufzubauen und zu betreiben. Keine einzelne Leistung, aber auch nicht das notwendige Zusammenwirken vieler Menschen wäre in unserer heutigen Welt ohne solche Ordnungen möglich. Dennoch ist es sinnvoll, sich hin und wieder gedanklich von dieser festgefügten Ordnung ein Stück weit zu befreien, um eine Ahnung von demjenigen zu gewinnen, was mit allen Ordnungen und Klassifikationen eben gerade nicht erfasst werden kann. Dieses Befreien und Ahnen bildet die Grundlage der Kontemplation und schließlich der Meditation:

»Durch Meditation versucht man zum Ursprung der Gedanken vorzudringen und zu beobachten, wie sie kommen und gehen. Das schöpferische Innehalten soll uns die Möglichkeit geben, den gesamten Zusammenhang von Intention, Handlung und Konditionierung zu erkennen, indem wir vorübergehend die Intention nicht in die Tat umsetzen. In diesem Zustand gespannter Wachsamkeit können wir wahrnehmen, wie sich die Intention entfaltet und auf Geist und Körper einwirkt. […] Indem man eine Lücke zwischen Intention und

Handlung lässt, gewinnt man Einblick in die Struktur des eigenen Denkens, in die Konditionierung von Geist und Körper. Dieses Intervall kann kurz sein und dennoch ein hohes Maß an schöpferischer Wahrnehmung auslösen.«[60]

Was damit gemeint ist, kann man sich anhand einfacher Beispiele am besten vorstellen – also etwa das Rot, von dem alle Variationen ein Ausdruck sind. Oder Zahlen, die nicht nur eine Quantität von irgendetwas verständlich machen, sondern für sich genommen immer auch eine Qualität sind. Im Sinne der in diesem Buch vorangegangenen Ausführungen wird sich der Mensch dadurch der ätherischen Welt – der Orenda – bewusst. Im Ergebnis verändert sich dadurch im Laufe der Zeit die innere Einstellung und die Art des Umgangs mit der Welt, und zwar schon allein darum, weil sich jede Form von Wertung – brauchbar oder unbrauchbar, richtig oder falsch, lebendig oder tot, gut oder böse – relativiert. Eine solche Wertung, die innerhalb der irdischen Verhältnisse in gewisser Weise sinnvoll sein kann, ist in der ätherischen Welt gänzlich unbrauchbar. Wichtig ist dort nicht das eine oder andere für sich genommen, sondern allein deren Zusammenwirken, also die Korrelation. Interessant wird das insbesondere bezüglich der Gemeinschaft und Gemeinsamkeit von Menschen, auf die sich das Sieben-Generationen-Gewahrsein ja vor allem bezieht.

Was durch eine wertungsfreie Vergegenwärtigung anderer Menschen und ihres Handelns – wohlgemerkt im Sinne einer spirituellen Übung und Erfahrung, die das alltägliche Erwägen und Entscheiden komplementär bereichert – gewonnen werden kann, beschreibt Raimon Panikkar in wunderbarer Weise im Hinblick auf die Toleranz als einer spirituellen Qualität:

»Die Erfahrung und ebenso die Praxis der Toleranz offenbaren eine Dimension, die nicht von der theoretischen Reflexion allein erfasst werden kann. Diese Erfahrung führt uns zu etwas mehr Positivem, das wir *mystische Toleranz* nennen könnten. Sie setzt voraus, dass man fähig sein kann, das anzunehmen, was man toleriert. Man erlöst, man erhebt das, was man toleriert, man verwandelt es, und diese Verwandlung bedeutet eine Reinigung, sowohl für den aktiv Ausübenden wie für den passiven Empfänger der Toleranz. […] Die mystische Toleranz steht für eine nicht objektivierbare Weltsicht und setzt die Überzeugung voraus, dass jeder menschliche Akt einen Wert hat, der nicht objektiv ist. Dieser Begriff der Toleranz impliziert, dass die ganze Wirklichkeit erlöst werden kann, weil sie nie unveränderlich ist. Er setzt auch den essenziellen Charakter der Wahrheit voraus und die radikale Relativität des Personseins. Toleranz ist dann die Weise, wie ein Wesen im anderen existiert, und sie bringt die radikale gegenseitige Abhängigkeit alles Seienden zum Ausdruck. Die Stärke vieler traditioneller Kulturen liegt nicht nur in der Fähigkeit, des Leidens und des Unglücks Herr zu werden, sondern in ihrer Fähigkeit, zu tolerieren und auf diese Weise dasjenige vollständiger zu integrieren, was unter anderen Umständen gewöhnliche Menschen zur Verzweiflung brächte oder sogar zerstören würde.«[61]

Spirituelle Lehren der Haudenosaunee

Die »mystische Toleranz« als Verdichtung von Erfahrung und Empfindung ist das Ergebnis einer immer wiederholten Übung, die es einem Menschen ermöglicht, Leitlinien für sein Handeln zu finden, die nicht nur aus dem eigenen Leben hervorgehen.[62] Den Haudenosaunee war das als Voraussetzung für die Übernahme des politischen Amtes eines Hoyaneh besonders wichtig. Ein Rat der Frauen befand in diesem Sinne – also nicht aufgrund weltlicher, sondern in erster Linie geistlicher Kriterien – darüber, ob ein Kandidat für die Delegation in den Grand Council geeignet sei. Auch damit, dass die Haudenosaunee bereits im 12. Jahrhundert von ihren politischen Mandatsträgern erwarteten, dass sie vor allem im Vertrauen auf das eigene Denken und das Bewusstsein vorangegangener und folgender Generationen entscheiden, waren sie ihrer Zeit weit voraus.

Wie in der Einleitung zu diesem Buch bereits erwähnt, waren es zwei Mi'kmaq, durch die ich vor einigen Jahren auf das in der Jahrtausende alten Kultur dieses indigenen Volkes fest verankerte Sieben-Generationen-Gewahrsein aufmerksam gemacht wurde. Es spricht einiges dafür, dass die Idee eines solchen Gewahrseins zu den zentralen Inhalten jener spirituellen Lehren gehört, die bis auf den heutigen Tag stammesübergreifend gepflegt und tradiert werden. Wie wir gesehen haben, bildet sie für das Gesetz des großen Friedens eine wichtige Grundlage.

Die Entstehung dieser Verfassung der konföderierten Stämme der Haudenosaunee geht auf Deganawidah zurück, der nicht nur ein geschickter politischer Inspirator und Führer, sondern auch ein hoher Eingeweihter und damit ein Vorbild für die geistliche Entwicklung der Menschen war. Das wird deutlich, wenn man sich vergegenwärtigt, was von ihm in den Legenden überliefert wird. Man erkennt darin unschwer Motive, die Jahrtausende lang in den Mysterien verschiedenster Kulturen in aller Welt überliefert wurden, um den Rang der spirituellen Entwicklung eines Menschen zum Ausdruck zu bringen. Dafür bediente man sich, auch was die Legende zum Leben und Wirken Deganawidahs betrifft, einer Bildsprache. Schauen wir uns das nochmals an.

Die jungfräulich schwangere Mutter empfing im Traum durch einen Engel die Botschaft, dass sie einen Sohn gebären würde, dem sie den Namen Deganawidah geben solle. Dieser würde sich einer besonderen Sprache bedienen und seinem Volk den Frieden bringen, indem er einen heiligen Baum pflanzte. Als Deganawidah schließlich herangewachsen war, überquerte er in einem weißen Kanu einen See und gelangte zu einem besonderen Baum, der auf einem heiligen Berg wuchs. Dort verkündete er das Gesetz des großen Friedens. Als die Menschen daran zweifelten, dass der Tod, wie er sagte, keine Macht über ihn habe, kletterte er auf den Baum, mit dem er sich in eine tiefe Schlucht stürzen ließ. In der Morgenfrühe des nächsten Tages fanden die Zweifler ihn unverletzt und lebendig in einer Höhle vor.

Das Narrativ der jungfräulichen Geburt wurde in vielen alten Kulturen verwendet, um auszudrücken, dass der werdende Mensch mit besonderen geistigen Gaben versehen wurde. Ebenso verhält es sich mit der Verkündung der bevorstehenden Geburt durch einen Engel, der zugleich den Namen des Kindes übermittelt. Deganawidahs besondere, nicht für jeden Menschen verständliche Sprache verstand man – ebenfalls genauso wie in vielen anderen alten Kulturen – als aus überirdischen Quellen inspiriertes Wort. Dieses Leben in zwei Welten, einem Dies- und einem Jenseits, erscheint im Bild von der Überquerung eines Sees. Schließlich sind es die Macht zur Verkündung des Gesetzes und diejenige, über die Kräfte des Todes erhaben zu sein, die einen Menschen auszeichnen, der als Eingeweihter das bloß Irdische geistig überwunden hat.

Interessant an den Überlieferungen der Haudenosaunee ist, dass nicht nur von einem vorbildlichen Menschen die Rede ist, der in seinem Volk aufgrund seiner geistigen Reife eine führende Rolle einnimmt, sondern dass jeder Mensch dazu aufgefordert wird, es den Vorbildern gleichzutun. Das spirituelle Leben bekommt dadurch für Menschen das Ziel, sich selbst bis zu einem Grad zu entwickeln, der in anderen Kulturen nur wenigen Auserwählten vorbehalten war. Nicht auf ein Vasallentum, sondern auf den freien Menschen kam es den Haudenosaunee an!

Das Ganze und die Gemeinschaft der Menschen

Das Sieben-Generationen-Gewahrsein, mit dem man sich über das eigene Selbst hinaus mit der ätherischen Welt zu verbinden sucht, ist ein Vorgang, in dem die Trennung des eigenen Selbst vom Nicht-Selbst überwunden wird. Dabei wird eine sinnlich-gegenständliche Erfahrung – im vorhin gegebenen Beispiel die rote Farbe auf der Leinwand – mit dem Begriff » Rot« verbunden, der im eigenen Bewusstsein als geistige Erfahrung gegenwärtig wird. Ein eigenes Leben erschließt sich, zu dem der Gegenstand der sinnlichen Wahrnehmung gehört wie der Leib zum Geist.

Es mag befremdlich wirken, wenn in dieser Weise von dem geredet wird, was gewöhnlich nur als Eigenschaft von etwas verstanden wird. Wenn etwas beispielsweise warm ist, gilt die Wärme als physikalische Eigenschaft, aber nicht als eine für sich bestehende Realität. Aber was ist gemeint, wenn zuweilen auch von einer warmen Zwischenmenschlichkeit gesprochen wird? Ein anderes Beispiel sind die Jahreszeiten, die als Ausdruck einer besonderen meteorologischen

Lage verstanden werden können. Aber was ist dann der Herbst des Lebens?

Die Menschen früherer Zeiten empfanden ihrer Mitwelt gegenüber noch ganz anders. Dem Wärmenden und Erkaltenden liegen ihrem Verständnis nach reale Kräfte zugrunde, die auch in zwischenmenschlichen Beziehungen präsent sind. Dieses noch ganz andere Welt- und Naturerleben beruhte nicht etwa bloß darauf, dass die Menschen in früheren Zeiten noch keine Wissenschaft im heutigen Sinne betrieben, sondern eben vor allem darauf, dass sie über eine Erlebnisfähigkeit verfügten, die uns Heutigen weitgehend abhandengekommen ist.

Das Sieben-Generationen-Gewahrsein soll im Alltag, und zwar vor jeder wichtigen Entscheidung, ihren Platz finden. In der Kultur der Haudenosaunee hat sie eine ähnlich zentrale Bedeutung wie das Vaterunser-Gebet für die Christen: Mit beidem ist eine mystische Erfahrung verbunden, die sich nur schwer in Worte bringen lässt und die darauf ausgerichtet ist, die eigenen Taten mit dem überirdischen Kontext eines Metaraums der sieben Generationen zu verbinden.

In dieser Hinsicht kommt ein Gesichtspunkt zum Tragen, von dem aus es nicht nur die sichtbaren Folgen ihrer Taten sind, die mehrere Generationen miteinander verbinden, sondern auch das ihnen zugrunde liegende Bewusstsein. Könnte es sein, dass viele Menschen so miteinander vernetzt sind wie die Zellen im Gehirn? Dass also einerseits durch das Zusammenwirken vieler Menschen Bewusstsein gesteigert und andererseits sogar Wissen gesammelt und bewahrt wird?

Heutzutage haben wir mit dem »Internet« (zusammengesetzt aus dem Präfix *inter* und *network* ›Netz‹ oder kurz *net* ›Netz‹) ein technisches Gegenbild dessen vor Augen, was mit der Vernetzung einzelner Menschen eigentlich gemeint sein kann. Peter Russell hat sich im Rahmen des Institute of Noetic Sciences damit beschäftigt und ist mittlerweile davon überzeugt, dass man von einem »Globalhirn« (*Global Brain*) sprechen kann, dessen Entstehung und Funktionen er mit dem menschlichen Gehirn vergleicht:

»Milliarden isolierte Nervenzellen beginnen, sich zu vernetzen, teils mit ihrer unmittelbaren Nachbarschaft, teils aber auch – mittels ausgestreckter Fasern – mit Zellen auf der anderen Hirnseite. Zur Zeit der Geburt kann eine typische Nervenzelle mit mehreren Tausend anderen Zellen in direkter Kommunikation stehen; manche Zellen bringen es sogar auf eine viertel Million solcher Kontakte. Diese Vermehrung der Verbindungen hält das erste Lebensjahr hindurch an. – Ähnliche Trends lassen sich in der heutigen menschlichen Gesellschaft beobachten. Wir scheinen uns aus der Periode der massiven ›Zellen‹-Proliferation herauszubewegen und in eine Phase dichteren Verbundenwerdens einzutreten. Mit zunehmender Komplexität der Fähigkeit zu weltweiter Kommunikation ähnelt die menschliche Gesellschaft immer mehr einem planetaren Nervensystem. Das Globalhirn kommt in Gang.[63] […] Ferner zeigt die rapide Entwicklung weltweiter Kommunikationsnetze, dass sich die Menschheit immer schneller einem ähnlichen Grad von Verbundenheit nähert, wie er im Gehirn anzutreffen ist. Wird beides erreicht, können wir die Emergenz einer neuen Evolutionsebene erleben – des Gaia-Feldes, des Planeten Äquivalent von Bewusstsein.«[64]

Von der möglichen Emergenz einer neuen Evolutionsebene war auch der christliche Priester und Philosoph Pierre Teilhard de Chardin überzeugt. Im Zusammenhang seiner Evolutionstheorie für den menschlichen Geist verwendete er den Begriff »Noosphäre«, womit er, analog zur Biosphäre als Ausdruck für alle lebende Substanz, eine denkende Substanz bezeichnete, mit der alle denkenden Einzelwesen verbunden sind. Im Anschluss an die Geogenese (Entwicklung der Erde) und der Biogenese (Entwicklung des Lebens), so Chardin, befinde sich die Evolution nunmehr in einem Stadium der Noogenese (Entwicklung des Geistes), in dem die Menschheit sich zu einer in sich selbst geschlossenen Einheit entwickelt.

Durch das Sieben-Generationen-Gewahrsein verbindet sich der einzelne Mensch damit.

Weise handeln: Biographische Beispiele

Das Sieben-Generationen-Gewahrsein der Haudenosaunee beruht darauf, dass der Mensch aus seinem Bewusstsein für die Lebenskräfte zu qualitativ verstärkten Erfahrungen und Erkenntnissen gelangt. Dadurch werden die Handlungen mit einem größeren Maß an Verantwortung verbunden. Was getan wird, ist systemisch sinnvoller und ausgewogener.

Es lässt sich überdies entdecken, wie wirksam selbst ganz alltägliche Handlungen sein können, wenn sie aus einer überpersönlichen, dem Ganzen verbundenen Gesinnung getan werden. Im übertragenen Sinne lässt sich die Güte einer Entscheidung und Tat in ihrem Verhältnis zum Gesamtzusammenhang des Lebens dann so erleben, wie die vollendete Schönheit einer einzelnen Pflanze auf einer großen Wiese voller Blüten: eine allgegenwärtige Lebenskraft erscheint gleichviel am einzelnen wie am Ganzen.

Dabei ist der Lebensprozess, der einer Inspiration aus erweitertem Bewusstsein zugrunde liegt, nicht ungewöhnlich. Viele Menschen kennen ihn und manche bemühen sich um seine Verstärkung.

»Er kommt oft erst dann, wenn man ihn gerade nicht erzwingt oder auch nur erwartet, nicht am Schreibtisch, sondern bei der seelisch entkrampfenden, entlastenden, entspannenden Wanderung im Grünen oder aus dem Schlaf heraus. Woher er kommt und wie er sich aus der vorangegangenen Arbeit sprunglos ergibt, bleibt zunächst dunkel. Und trotzdem hängt alles von ihm ab, ist nichts lieber willkommen. Goethe bezeichnete solche Eingebungen als ›Aperçus‹ und beschrieb als ihre Kennzeichen: ›Über den Denkenden kommt es wie eine Erleuchtung, und die Fülle des einzelnen ordnet sich vor der geistigen Anschauung wie von selbst, gesetzmäßig und ineinandergreifend‹.«[65]

Wenn es darum geht, derartig gewonnene Erkenntnisse mit dem täglichen Leben zu verbinden, spricht David F. Peat vom »sanften Handeln«, indem er darauf eingeht, dass und wie eine tiefere Ebene von Erfahrungen mit den daraus abgeleiteten Intentionen weithin wirksam werden kann.

»Das Individuum kann eine winzige, aber präzise koordinierte Welle sein, die an einer sehr viel größeren Woge mitwirkt. Denn ohne den Beitrag jeder kleinen Welle im Rahmen einer globalen Aktion würde die große Woge an Kraft verlieren. Man kann die politische Macht nicht mehr nur nach Einfluss, Finanzkraft oder Wählerstimmen messen – das Verhalten eines jeden einzelnen ist auf vielfältige und nicht vorhersehbare Weise von Bedeutung.«[66]

Tatsächlich hat es in der neueren Geschichte bereits manche Menschen in herausragenden Positionen gegeben, die in diesem Sinne auf sich aufmerksam machten. Beispielhaft soll nun von vieren von ihnen die Rede sein.

Dag Hammarskjöld

Noch während des Zweiten Weltkriegs begannen Bemühungen um das Schaffen eines Staatenbundes, der in einer Konföderation der ehemals Verfeindeten den Weltfrieden sichern sollte. Schließlich hatte man dafür eine Charta entwickelt, die am 26. Juni 1945 von den ersten fünfzig Mitgliedsstaaten unterzeichnet worden war, und die am 24. Oktober 1945 in Kraft trat. Heutzutage gehören den »United Nations« (UN) mit ihrem Sitz in New York 193 Staaten an.

Mit dem hohen Anspruch einer Konföderation aller Staaten der Weltgemeinschaft verbindet sich die äußerst diffizile Aufgabe, die unterschiedlichsten Interessen auf einen Nenner zu bringen. Bedenkt man außerdem, dass ein auf diese Weise zustande gekommener Konsens eine politisch alles überragende Macht verleiht, lässt sich nur schwer ein Mensch vorstellen, der in einer solchen Organisation zur Übernahme der Verantwortung des Generalsekretärs geeignet sein könnte. Dag Hammarskjöld, der von 1953 bis 1961 dieses Amt innehatte, war so ein Mensch.

Im Jahr 1905 wurde er als der jüngste von vier Brüdern in Jönköping geboren. Da sein Vater Hjalmar Hammarskjöld als schwedischer

Premierminister wirkte, ist Dag Hammarskjöld gewissermaßen mit der Politik aufgewachsen. So nimmt es nicht Wunder, dass er sich nach dem Studium der Philosophie sowie der Rechts- und Wirtschaftswissenschaften und seiner Habilitation für den Weg eines Beamten in Staatsdiensten entschied. Nach ein paar Jahren der Arbeit als Sekretär der Arbeitslosenkommission, als Unterstaatssekretär und später stellvertretender Minister im Außenministerium und einem guten Jahrzehnt als Staatssekretär im Finanzministerium wurde er zum Vorsitzenden im Reichsbankdirektorium. Vor seiner Wahl zum Generalsekretär der Vereinten Nationen am 7. April 1953 hatte Dag Hammarskjöld also bereits eine beachtliche Karriere absolviert.

Er, dem manche zunächst die Härte absprachen, die nötig ist, um internationale Konflikte lösen und befrieden zu können, wies im Laufe seiner Amtszeit tatsächlich beachtliche Erfolge vor. Die gelangen ihm, weil er in der Tat hart und unnachgiebig verhandeln konnte – ohne aber den menschlichen Respekt vor seinem Gegenüber zu verlieren. Mit Sicherheit vermochte er es, tief in die Seelen seiner Verhandlungspartner zu blicken, die ihm das dankten, weil sie sich in besonderer Art verstanden fühlten.

Privat führte Dag Hammarskjöld, der unverheiratet und kinderlos geblieben war, ein eher zurückgezogenes Leben. Er ging ganz in seiner Rolle als Generalsekretär der Vereinten Nationen auf:

»In meiner neuen offiziellen Eigenschaft soll der Privatmann zurücktreten und der internationale Beamte seinen Platz einnehmen. Der Beamte existiert, um jene, die die Beschlüsse fassen, […] sozusagen von innen zu unterstützen. Er soll, meiner Meinung nach, zuhören, analysieren und lernen, die handelnden Kräfte voll und ganz zu verstehen. […] Glauben Sie nicht, dass er, indem er eine solche persönliche politische Linie verfolgt, lediglich passiv an der Entwicklung teilnimmt. Nein, es ist eine höchst aktive Rolle. Doch ist er als Werkzeug aktiv, als Katalysator, vielleicht als Inspirator. Er dient.«[67]

Im übertragenen Sinne ist mit diesen Worten zugleich wunderbar ausgedrückt, wie sich jeder einzelne Mensch in die Lebensprozesse der Gemeinschaft aller Menschen einbringen kann. Es geht um eine

Tugend, die das Bewusstsein über die Außenseite der Menschen und Ereignisse hinausführt. Dennoch war Hammarskjöld sich darüber klar, dass er über seinen inneren, spirituellen Hintergrund, aus dem heraus er seine Kraft schöpfte, im offiziellen Leben besser schweigt, denn »…als den, der du im Innersten sein musst, um deine Aufgabe zu erfüllen, darfst du dich nicht zeigen – damit man dir gestattet, sie zu erfüllen.«[68]

Es gibt verschiedene Hinweise darauf, dass Dag Hammarskjöld immer wieder spirituelle Erfahrungen machte, über die er zuweilen Tagebuchnotizen anfertigte, die erst nach seinem Tod bekannt wurden. In einer dieser Notizen heißt es:

»So ging ich im Traum mit Gott durch die Wesenstiefe: Wände wichen zurück, geöffnete Tore… bis um mich Grenzenlosigkeit war, worin wir alle zusammenflossen und weiterlebten, wie Ringe nach fallenden Tropfen auf weite, ruhige, dunkle Wasser.«[69]

Aus solchen Erfahrungsquellen schöpfte er den Impuls, im Hauptgebäude der UN in New York einen »Raum der Stille« einzurichten, der von den Mitarbeitenden und Gästen der UN nach wie vor als überkonfessioneller Meditationsraum genutzt wird. Bemerkenswert ist die Gestalt des Raumes: trapezförmig im Grundriss befindet sich am schmalen Ende ein abstraktes Wandgemälde, vor dem ein sieben Tonnen schwerer Quader aus schwedischem Eisenerz wie ein Altarstein plaziert ist. In diesem Raum, der den Eindruck von einer Initiationskammer alter Mysterien vermittelt, mögen inzwischen viele Gedanken von weltpolitischer Tragweite gedacht worden sein.

Das Leben Hammarskjölds, das am 18. September 1961 bei einem (vermutlich durch ein Attentat bewirkten) Flugzeugabsturz sein Ende fand, ist voller Motive, die seinem Wirken eine besondere Aura verleihen. Es begann schon mit seiner Taufe, zu der drei Kollegen des Vaters als Geschenk einen silbernen Kelch – von ihnen selbst scherzhaft als »die Morgengabe der drei Weisen aus Karlstad« bezeichnet – überreichten, der mit der Inschrift »Für den, der so lange ohne Namen blieb« versehen war. In Studentenzeiten gehörte Dag dann einer zwölfköpfigen Mittagstafelrunde an. Diesen, für ihn zeitlebens wichtig gebliebenen Freundeskreis bezeichnete er als »eine Art Ritterschaft des Heiligen Grals«.

Vielleicht ist es auch kein Zufall, dass zwischen Deganawidahs Wirken für das Gesetz des großen Friedens und Dag Hammarskjölds Eintreten für die UN-Charta ein Zeitraum von etwa vier mal sieben Generationen verging. Jedenfalls kann man die Intention des einen und des anderen als aus denselben Quellen gespeist verstehen, zu denen Hammarskjöld schrieb:

»Geburt und Tod, Hingabe und Schmerz – die Wirklichkeit hinter dem Tanz unter den Leuchtröhren sozialer Verantwortung.[70] – Gewiss, es ist schwierig zu sehen, wie ein Sprung von der heutigen chaotischen und zerteilten Welt zu so etwas wie einer Weltföderation passieren könnte. Um ein solches Ziel zu erreichen, sind Elemente eines organischen Wachstums erforderlich. Wir müssen jetzt unserer Lehrzeit dienen, …wenn unsere Hoffnung berechtigt sein soll, eines Tages die etwas radikalere Lösung, nach der die Situation zu rufen scheint, zu realisieren.«[71]

Wangari Maathai

Es gibt Menschen, die mit einem konventionellen Leben nicht zufrieden sind. Sie gehören damit zu den wenigen, denen es nicht genügt, die bestehenden Verhältnisse lediglich zu bewahren oder bestenfalls zu optimieren. Der Wille zur Veränderung treibt sie um. Es geht für sie nicht bloß um eine bessere Welt, sondern um eine ganz andere Welt.

Zu dieser Menschengruppe gehörte Wangari Maathai, die 1940 in einem kleinen kenianischen Dorf in einer Kikuyu-Familie das Licht dieser Welt erblickte. Glückliche Umstände und Fügungen ermöglichten es ihr, in der ersten Hälfte ihres Lebens das ganze Potential ihrer Begabungen zu entfalten und mit ihrem Willen zur Weltveränderung zu verbinden. Nachdem sie ihre schulische Ausbildung in einer renommierten Klosterschule absolviert hatte, kam sie als Stipendiatin für das Studium der Biologie zunächst in die USA und später nach Deutschland, bevor sie 1971 als erste Frau an der Universität in Nairobi promovierte. Danach wurde Maathai wissenschaftliche Mitarbeiterin der Universität, 1975 Hochschuldozentin und zwei Jahre später außerordentliche Professorin – und wiederum war sie die erste Frau, der in Kenia eine solche Karriere gelang.

Eine besondere Wende im Leben Maathais trat ein, als sie im Jahr 1976 – es war der Zeitpunkt ihrer Lebensmitte – im »Environment Liaison Centrum International (ELCI)« Mitglied des Vorstands wurde. In diesen Zusammenhängen konnte sie nun ihre eigentlichen, latenten Impulse zur Klarheit bringen und ergreifen.

Das ELCI war im Nachklang der Stockholm-Konferenz gegründet worden, die von den UN 1972 zu den drängenden Umweltfragen veranstaltet worden war. Die amerikanische Anthropologin Margaret Mead und Barbara Ward, Gründerin des Internationalen Instituts für Umwelt und Entwicklung (engl. IIED) gehörten zu den Initiatoren des ELCI. Man wollte einen Zusammenschluss von UN-akkreditierten Nichtregierungsorganisationen schaffen, der auch in Nairobi zur Eröffnung eines NGO-Umweltdienstzentrums führte. Von dort aus begann man, verschiedenste regierungsunabhängige Umweltgruppen zu unterstützen. Maathai, die davon überzeugt war, dass die Probleme Kenias vor allem in den zunehmenden ökologischen Problemen verwurzelt waren, war jetzt ganz in ihrem Element. Nun zeigte sich überdies, wie stark ihr Wesen durch wichtige, gute Erfahrungen ihrer Kindheit geprägt worden war. Rückblickend sagte sie:

»Die Leute fragen mich immer wieder, warum ich mich um Dinge kümmere, die mir nicht gehören. Sie wundern sich, warum ich Bäume, Wälder, Flüsse, Feuchtgebiete und Parks wichtig nehme, die mir nichts weiter bringen. Bei dieser Frage werde ich oft an die Schwestern erinnert, die mich ausgebildet haben. Warum haben sie sich um mich und andere gekümmert? Was schaute dabei für sie heraus? Nichts – sie dienten einem höheren Ziel. Nenne es Gott. Mein ganzes Leben habe ich nie aufgehört, diese Frauen des Glaubens zu bewundern. Sie waren ihrer Berufung verpflichtet und dienten mit Engagement und ohne auf Belohnung zu warten. – Ich wunderte mich nie, warum sie sich um uns sorgten. Ich nahm einfach an, dass das so sein müsste. Es war deshalb eine große Enttäuschung, später zu sehen, dass mich eine solche Einstellung zur Minderheit machte. Aber heute bin ich alt und weiß, dass das wohl das Einzige ist, was wirklich zählt: einer größeren Sache dienen. Es kann bedeuten, dass man einen einsamen Weg geht. Im Laufe meines Lebens ist es das Einzige, woran ich wirklich zu glauben gelernt habe.«[72]

Ein Jahr nachdem sie in den Vorstand des ELCI berufen worden war, initiierte sie unter der Schirmherrschaft von Kenias Nationalem Frauenrat (»National Council of Women of Kenya – NCWK«) die »Grüngürtel-Bewegung« (»Green Belt Movement«). Dabei handelt es sich um eine Umweltschutzorganisation, die sich besonders mit Aufforstungsprojekten befasst. Was damit begann, dass am Gründungstag im Juni 1977 sieben Bäume gepflanzt wurden, hat sich seither zu einer panafrikanischen Bewegung mit zig Millionen Baumpflanzungen in 13 Ländern entwickelt. Das ist ein gutes Beispiel für die Kraft, die von einem einzelnen Menschen und der Änderung des Bewusstseins auszugehen vermag!

»Heute stehen wir vor einer Herausforderung, die eine Änderung unseres Denkens erfordert, damit die Menschheit aufhört, ihr Lebenserhaltungssystem zu bedrohen. Wir sind aufgerufen, der Erde zu helfen, ihre Wunden zu heilen und dabei unsere eigenen zu heilen – in der Tat die gesamte Schöpfung in all ihrer Vielfalt, Schönheit und Wunder zu erfassen. Zu erkennen, dass nachhaltige Entwicklung, Demokratie und Frieden unteilbar sind, ist eine Idee, deren Zeit gekommen ist.«[73]

Für ihr Eintreten für den Umweltschutz wurde Maathai 1984 mit dem »Right Livelihood Award« ausgezeichnet. 2004 wurde ihr der Friedensnobelpreis verliehen. Das verschuf der Aktivistin, die auch in vielen anderen zivilgesellschaftlichen Bereichen mit großer Kraftanstrengung allen Widerständen zum Trotz Veränderungen bewirkte, die verdiente Anerkennung.

»Ich glaube, dass ich die ganze Zeit auf dem richtigen Weg war, besonders mit dem Green Belt Movement. Aber dann sagten mir die anderen, dass ich keine Karriere machen sollte, dass ich nicht meine Stimme erheben sollte, dass Frauen einen Herrn haben sollten, dass ich jemand anderer sein sollte. Schließlich war ich in der Lage, zu begreifen, dass ich einen Beitrag zu leisten hatte. Ich musste es tun, egal, was andere sagten. Ich erkannte, dass ich o.k. bin, so wie ich bin, dass es gut war, stark zu sein.«[74]

Mit dieser Haltung war Wangari Maathai zur zentralen Identifikationsfigur der kenianischen Frauenbewegung geworden, die sie von 1976 bis 1987 in Kenias Nationalem Frauenrat – von 1981 bis 1987 als Präsidentin – aktiv mitgestaltete. Aus dieser Zeit stammt ein Zitat, in dem Maathai von jener inneren Erfahrung spricht, die für sie in ihrem Engagement maßgeblich war:

»Ich weiß nicht wirklich, warum mich alles so interessiert. Ich habe nur etwas in mir, dass mir sagt, dass es ein Problem gibt, und ich muss etwas dagegen tun. Ich denke, das würde ich den Gott in mir nennen. Wir alle haben einen Gott in uns, und dieser Gott ist der Geist, der alles Leben vereint, alles, was auf diesem Planeten ist. Es muss diese Stimme sein, die mir sagt, dass ich etwas tun soll, und ich bin sicher, dass es dieselbe Stimme ist, die zu jedem auf diesem Planeten spricht – zumindest zu jedem, der sich Sorgen um das Schicksal der Welt, das Schicksal dieses Planeten macht.«[75]

In den 1990er Jahren wurde sie wegen ihres politischen Engagements mehrfach inhaftiert und misshandelt, kandidierte zunächst erfolglos für das Parlament, bis sie 2002 für das Oppositionsbündnis »National Rainbow Coalition (NARC)« ins kenianische Parlament gewählt wurde. Als sie schließlich vom neugewählten Staatspräsidenten Mwai Kibaki zur stellvertretenden Ministerin für Umweltschutz ernannt wurde, war sie wiederum die erste Frau Afrikas, die den Sprung in eine Regierung geschafft hatte. Um zu beschreiben, von welchem Gesellschaftsbild sie ausging, verwendete sie einmal einen eingängigen Vergleich:

»Bei dem Versuch, diese Verbindung zu erklären, wurde ich von einem traditionellen afrikanischen Gegenstand inspiriert, der drei

Beine und eine Fläche zum Sitzen hat. Für mich sind die drei Beine drei wichtige Säulen einer gerechten und stabilen Gesellschaft. Das erste Bein steht für demokratischen Raum, in dem Rechte respektiert werden, sei es Menschenrechte, Frauenrechte, Kinderrechte oder Umweltrechte. Das zweite steht für nachhaltiges und gerechtes Management und Ressourcen. Und das dritte steht für Friedenskulturen, die bewusst in Gemeinschaften und Nationen gepflegt werden. Die Sitzfläche repräsentiert die Gesellschaft und ihre Entwicklungsperspektiven. Wenn nicht alle drei Beine vorhanden sind und den Sitz stützen, kann keine Gesellschaft gedeihen. Auch können die Bürger ihre Fähigkeiten und ihre Kreativität nicht entwickeln. Wenn ein Bein fehlt, ist der Sitz instabil, wenn zwei Beine fehlen, ist es unmöglich, das Gleichgewicht zu halten, und wenn keine Beine verfügbar sind, ist alles so gut wie verloren. In keinem dieser Zustände kann Entwicklung stattfinden. Stattdessen kommt es zu Konflikten.«[76]

Am 25. September 2011 ist Wangari Maathai in Nairobi verstorben.

Mary Hesse

Es ist eine besondere und bedeutungsschwere Frage, was die Begriffe eigentlich bezeichnen, die wir Menschen tagtäglich verwenden. Je nachdem, wie sensibel wir dieser Fragestellung auf den Grund gehen, gestaltet sich unser Verhältnis zur Welt. Dem einen Menschen sind die Tatsachen des Lebens nichts weiter als die Aneinanderreihung zufälliger Ereignisse, für den anderen beruht das Leben auf sinnvollen, komplexen Zusammenhängen und -fügungen.

Mary Brenda Hesse, die zu den herausragenden Wissenschaftlerinnen des 20. Jahrhunderts gehörte, beschäftigte sich mit solcherlei Fragen. Sie wurde am 15. Oktober 1924 in Reigate (England) in mittelklassigen, streng religiösen Verhältnissen geboren. Der Vater war ein stiller, introvertierter Mann, der lieber mit anderen Erwachsenen redete als mit ihr. Da auch die Mutter ein eher zurückhaltender, schüchterner Mensch war, und weil es auch keine Geschwister gab, war Mary meistens mit sich selbst und ihren eigenen Gedanken beschäftigt. Früh lernte sie lesen und schreiben, wodurch sich ihr die Welt der Bücher erschloss, in denen sie viel und gern las.

In einer kleinen, von Nonnen geführten Privatschule erhielt Mary eine religiöse Erziehung. Als einzige Wissenschaft wurde Botanik unterrichtet, aber für das kleine Mädchen war das richtungsweisend. Sie staunte über die Wunder der Natur und begann nun über die großen Mysterien und den Sinn des Lebens nachzudenken.

Während des Zweiten Weltkriegs wurden für junge Menschen viermonatige Kurse über Elektronik angeboten, an denen auch Mary teilnahm. Dadurch erhielt sie nicht nur eine praktische Ausbildung – sie arbeitete danach eine Zeit lang in einer Fabrik für Funkgeräte –, sondern entwickelte auch ein tieferes Interesse an Wissenschaft und Mathematik. Ein Jahr später, im Jahr 1943, wurde sie darum Studentin am »Imperial College of Science and Technology« der Universität in London. Bereits nach zwei Jahren hatte sie das Studium mit einem Master in Mathematik abgeschlossen und graduierte nach nur einem weiteren Jahr als Master der Wissenschaft. Dass sie 1948 zum Thema der Elektronenmikroskopie promovierte und 1950 einen Master in Geschichte und Philosophie der Wissenschaft erwarb, ist ein weiterer Ausdruck ihrer Begabung und ihres Fleißes.

Dennoch war es damals für junge Frauen schwer, in der Wissenschaft und Lehre Arbeit zu finden. Mary war schließlich erfolgreich mit ihrer Bewerbung an einer Hochschule für Mädchen an der Universität in London. Dort unterrichtete sie von 1947 bis 1951 Mathematik. Aber wirklich zufrieden war sie damit nicht. Sie wollte sich mit Wissenschaftlern über den Zusammenhang von Geschichte und Philosophie austauschen, denn dem galt ihr eigentliches Interesse.

Geradezu schicksalhaft war, dass sie in dieser Zeit dem Astrophysiker und Naturphilosophen Herbert Dingle begegnete, der in London Geschichte und Philosophie der Wissenschaft lehrte. Bereits in den 1930er Jahren hatte er sich kritisch mit dem kosmologischen Modell von Edward Arthur Milne auseinandergesetzt, das er als zu spekulativ und nicht auf Erfahrung basierend bezeichnete. Dingle, der Milnes hypothetisch-deduktiver Methode seine eigene, induktivistische Sicht entgegenstellte, betreute die Master-Thesis von Mary Hesse und vermittelte ihr dadurch für ihre eigene spätere Arbeit wesentliche Inspirationen.

Im Kern ging es Mary Hesse schließlich um die wissenschaftliche und philosophische Bedeutung von Analogien und Modellen. Während mit einer Analogie die Übereinstimmung von Gegenständen hinsichtlich gewisser Merkmale bezeichnet ist, findet sich in einem Modell ein auf das Wesentliche reduziertes Abbild einer Wirklichkeit konzentriert. Aber obwohl Wissenschaft ohne Analogien und Modelle nicht auskommt, bleibt offen, inwieweit sich die Wirklichkeit in ihnen tatsächlich ausspricht oder ob es sich um bloß gedankliche Abstraktionen handelt.

Entscheidend für eine Antwort auf diese Frage ist, welcher Methode, einer induktiven oder deduktiven, man sich dafür bedient. Zeigt sich anhand einer Fülle von wahrgenommenen Fakten der jeweilige Begriff (Induktion), oder erschließt eine vorher geschaffene, abstrakte Hypothese die Fülle möglicher Wahrnehmungen (Deduktion)? Auf diesen Gegensatz hatten wir bereits anhand der Theorien von Alfred und Max Weber geblickt. Hesse selbst nahm eine kritische Haltung gegenüber der hypothetisch-deduktiven Theorie der wissenschaftlichen Rechtfertigung ein.

Im Jahr 1960 begann für sie eine Lehrtätigkeit zur Geschichte und Philosophie der Wissenschaft an der Universität in Cambridge, 1975 folgte dort ihre Ernennung zur Professorin für Wissenschaftstheorie. In ihrer Forschung und Lehre beschäftigte sie sich weiter und immer intensiver mit der Beziehung zwischen Theorie und Beobachtung sowie Methoden und Grundannahmen, wobei sie Modellvorstellungen als Möglichkeiten verstand, den wissenschaftlichen Horizont über die bisher bekannte Wirklichkeit hinaus erweitern zu können. Darin, so Hesse, könne sogar eine Gemeinsamkeit des wissenschaftlichen und künstlerischen Prozesses erkannt werden, insofern es in beiden darum geht, komplexe Sachverhalte intuitiv verstehen und vermitteln zu können.

»Eine der Hauptfunktionen einer Analogie oder eines Modells besteht darin, Erweiterungen der Theorie unter Berücksichtigung von Erweiterungen der Analogie vorzuschlagen, da über die Analogie mehr bekannt ist als über den Gegenstand der Theorie selbst [...] Eine [deduktive] Sammlung von beobachtbaren Konzepten in einer rein formalen Hypothese, die keine Analogie zu irgendetwas suggeriert, würde folglich auch auf keine Richtungen für ihre eigene Entwicklung hinweisen.«[77]

Sprache wird so zu einem Gefäß, in dem der »Gegenstand der Theorie« als Inhalt – Hesse spricht ausdrücklich von »verborgene[n] Entitäten oder Eigenschaften« – erscheint:

»Es gibt eine Außenwelt, die im Prinzip in wissenschaftlicher Sprache ausführlich beschrieben werden kann. Der Wissenschaftler kann sowohl als Beobachter als auch als Sprachnutzer die äußeren Tatsachen der Welt in Präpositionen erfassen, die wahr sind, wenn sie den Tatsachen entsprechen, und falsch, wenn sie dies nicht tun. Wissenschaft ist idealerweise ein Sprachsystem, in dem wahre Sätze in einem Eins-zu-Eins-Verhältnis zu Tatsachen stehen, einschließlich Tatsachen, die nicht direkt beobachtet werden, weil sie verborgene Entitäten oder Eigenschaften oder vergangene Ereignisse oder weit entfernte Ereignisse beinhalten. Diese verborgenen Ereignisse werden in Theorien beschrieben, und Theorien können aus der Beobachtung abgeleitet werden, das heißt, der verborgene Erklärungsmechanismus der Welt kann aus dem entdeckt werden, was für die Beobachtung offen ist.«[78]

Es lässt sich gut nachvollziehen, dass Hesses wissenschaftliche Laufbahn einen Einfluss auf das ihr eigene, religiös geprägte Weltbild hatte. Aus dem Glauben ihrer Kindheit hatte sie sich gelöst und war zu einer Erkenntnissucherin geworden. Als anerkannte Wissenschaftlerin wurde sie zwar zu manchen Konferenzen eingeladen, die sich der Beschäftigung mit dem Zusammenhang von Wissenschaft und Religion widmeten, war dann jedoch aufgrund der dort vorherrschenden geistig engen Atmosphäre und dem ihr entgegentretenden Fundamentalismus eher enttäuscht als ermutigt.

Mary Hesse, die am 2. Oktober 2006 verstarb, war ihrer Zeit voraus, insofern sie eine Wissenschaft anregte, die auf einem Erkenntnisprozess beruht, der das Lebendige versteht. Mit ihm lassen sich Einsichten in Zusammenhänge erlangen, die demjenigen verschlossen bleiben, der die Welt bloß mechanistisch und abstrakt zu deuten versucht.

Bernard Lietaer

Wenn redensartlich festgestellt wird, dass Geld die Welt regiert, ist damit in aller Kürze etwas wesentliches über die Monetarisierung der Wirtschaft gesagt, die sich besonders in den zurückliegenden zweihundert Jahren ereignete. Die dadurch ausgelösten Probleme sind offenkundig, aber es mangelt an Vorschlägen zu ihrer Lösung. Dass Geld und dauerndes ökonomisches Wachstum systemrelevant sind, kann niemand verleugnen, denn das ganze alltägliche Leben wird durch diese Voraussetzungen bestimmt. Der Mensch scheint Gefangener der von ihm selbst geschaffenen Verhältnisse zu sein – ohne Aussicht, sich aus diesem Zustand jemals befreien zu können.

Erst wenn man diesen Tatbestand und die ihm zugrundeliegenden Prozesse systemisch versteht, ergeben sich Ansätze zu wirksamer Veränderung. Jedenfalls sah Bernard Arthur Lietaer (sprich Lietaar) das so, der mit seiner diesbezüglichen Expertise ein Lebenswerk geschaffen hat, das weltweit Beachtung fand.

Lietaer wurde am 7. Februar 1942 im flämischen Teil Belgiens, in Lauwe geboren. Seine Schulzeit verbrachte Lietaer in einem von Jesuiten geführten Internat. Die tägliche Feier der Messe und der von starker Geistlichkeit bestimmte Unterricht prägten ihn. Ein günstiges Geschick war, dass ihm einer der Lehrer ungehinderten Zugang zur Bibliothek ermöglichte. So konnte er lesen, was immer er wollte – sein Wissensdurst war kaum zu stillen – und der Klassengemeinschaft davon gelegentlich in Referaten etwas vortragen. Bemerkenswerterweise gewährten ihm die Lehrer dabei sogar, den Rahmen des sonst Zulässigen zu verlassen, weil er aus indexierten Büchern zitierte, was der kirchlichen Dogmatik nicht entsprach. Offenbar erkannte und schätzte man, wie groß und weitsichtig sein Geist schon damals war.

Schon als Schüler begann Lietaer, die Welt zu bereisen. Zunächst Europa, dann immer mehr auch Länder auf anderen Kontinenten. Solche Reisen waren gut vorbereitet. Die gesammelten Erkenntnisse schrieb er nieder und sorgte dafür, dass das eine oder andere davon in verschiedenen Zeitschriften veröffentlicht wurde.

In seinem 19. Lebensjahr unternahm er eine Reise nach Indien, in deren Verlauf er drei Begegnungen hatte, die für ihn von initiatorischer Qualität waren. Zunächst war es Sir Edmund Hillary, dem einige Jahre vorher die Erstbesteigung des Mount Everest gelungen war, der Lietaer zur Besteigung eines Gipfels des Himalayas inspirierte. Dann traf er in Nepal im Tempel von Muktinath einen Mönch, der ihn in die Meditation einführte, bevor er in Benares den berühmten Gelehrten Raimon Panikkar kennenlernte, der ihm seine Vorstellungen von einer »Ökosophie« erläuterte. Was in ihm durch diese drei Begegnungen auflebte, prägte ihn für sein ganzes weiteres Leben.

Seine Hochschulausbildung erhielt Lietaer zunächst in Löwen im Fach Elektrotechnik, dann am »Massachusetts Institute of Technology (MIT)« in den USA, wo er zusätzlich zu seinem Ingenieursdiplom einen Master in Wirtschaftswissenschaften erwarb. Danach begann er seine Karriere als Consultant einer Unternehmensberatung. Nun konnte er seinen Interessen an Geld- und Währungsfragen mit vollem Einsatz nachgehen. Im Rahmen seiner Masterarbeit hatte er ein Computerprogramm zur Voraussage von Währungskursschwankungen erstellt, das nun in Banken, Firmen und Regierungen zum Einsatz kam.

Nachdem Lietaer aus familiären Gründen 1975 nach Europa zurückgekehrt war und an seiner Alma Mater für drei Jahre eine Professur für Wirtschaftswissenschaften innegehabt hatte, wurde er 1978 zu einem leitenden Mitarbeiter der belgischen Zentralbank. Dort befasste er sich mit der Konzeption und Einführung des ECU, einer

Verrechnungseinheit, die dem Euro vorausging. Ähnlich herausragend war seine Tätigkeit als Geschäftsführer eines Investmentfonds, für den er ab 1986 so erfolgreich war, dass er von der »Business Week« schließlich zum weltbesten Währungshändler gekürt worden war.

Als Lietaer 1992 einen Lehrauftrag an der Universität von Berkley annahm und in die USA zurückkehrte, vollzog sich eine Wende in seinem Wirken. Er trat nun immer intensiver für solche Veränderungen im Geld- und Währungssystem ein, die ein Gleichgewicht zwischen Ökonomie und Ökologie gewährleisten können. Für solche Veränderungen entwickelte er Ideen und Modelle, die er in Vorträgen, Workshops, Beratungen sowie Fachaufsätzen und Büchern weltweit vertrat. Darin ging es ihm nicht allein um technische Hinweise, sondern auch darum, auf die Bedeutung einer verfeinerten Wahrnehmungsfähigkeit hinzuweisen.

»Um das Universum aus fünf Dimensionen mit unserer ›normalen‹ alltäglichen Wahrnehmung der Realität kompatibel zu machen, muss das menschliche Gehirn im Grunde ein Filter sein, ein unglaublich komplexer Mechanismus, dessen Hauptfunktion darin besteht, das Wahrnehmungsfeld zu reduzieren. Es sind die Thesen von Henri Bergson, William James und Aldous Huxley, die nun durch die Forschungen von Neurophysikern bestätigt werden. [...] Was ist der Gehirnfilter? ›Intrusionen‹ des Informationsmaterials aus allen unseren physischen und psychischen Wahrnehmungskanälen gehen nicht verloren, sie sammeln sich und entwickeln sich im Unbewussten. Der Mensch der verschiedenen Dimensionen ist daher ein Wesen, das auf den ersten Blick schockierend erscheint, aber reich an Möglichkeiten ist, von denen er fast nichts weiß. [...] In manchen Fällen ist es jedoch möglich, dass der Mensch den Filter ›entschärft‹ und sich über die kausale Ebene seiner Existenz hinaus bewusstwird: Das ist das ›Satori‹ der Philosophen, das ›Samadhi‹ der Yogis, die ›Erleuchtung‹ der Mystiker des Mittelalters, die ›Verschmelzung des Animus mit der Anima‹, von der Jung spricht oder schlicht das ›Erwachen‹. Auf der kausalen Ebene ist der Mensch dann mit sich selbst und mit dem Universum als Ganzes eins: Er überschreitet Raum und Zeit, was das eigentliche Merkmal dieses Ereignisses ist. Kurz gesagt: Der Mensch der fünf Dimensionen ist ein unendlich viel komplexeres und an Möglichkeiten reicheres Wesen als es die oberflächliche Analyse seiner Tätigkeiten auf der materiellen Ebene vermuten lässt.«[79]

Als Ökonom ging es ihm darum, dass ein »monetäres Ökosystem« geschaffen wird, in dem die üblichen, staatlichen Zahlungsmittel durch frei geschaffene Währungen – von ihm stammt der dafür heutzutage allgemein verwendete Begriff »Komplementärwährungen« – ergänzt werden. Es entsprach seinem systemischen Denken, das er aufgrund gründlicher wissenschaftlicher Studien immer weiterentwickelte, die dringend gebotenen Veränderungen durch Heilung statt durch Konfrontation und Kampf zu ermöglichen.

Lietaers Genialität beruhte aber nicht nur darauf, dass er ein versierter Ökonom und in vielen weiteren wissenschaftlichen Disziplinen außerordentlich gebildet war, sondern auch auf einer ebenso intensiv gepflegten Spiritualität, die er der Öffentlichkeit gegenüber allerdings weitgehend verborgen hielt. Erst kurz vor seinem Tod am 4. Februar 2019 gab er die entsprechenden Hinweise und autorisierte ein zweibändiges Werk, in dem auch dieser Aspekt seines Lebens und Wirkens gewürdigt wird.[80] Darin kommt er selbst zu Wort, indem es heißt:

»Ich fühle mich berufen, die Heilung von Energiesystemen in großem Maßstab zu unterstützen, um das Leiden der Menschen im Verlauf des großen Wandels zu lindern. Die Energiesysteme, an denen ich interessiert bin, umfassen viel mehr als nur das Geld. Dazu gehören Dinge wie Erdenergiesysteme und ihre Beziehungen zum Menschen, Energieverbindungen zwischen Planeten und so weiter. Während ich in den letzten zehn Jahren in der Öffentlichkeit dafür bekannt war, mich auf das Währungssystem zu konzentrieren, ist das nur die Spitze des Eisbergs von jener Arbeit, der ich mein Leben gewidmet habe. Ich habe viel länger an anderen Energiesystemen gearbeitet. Ich beschäftige mich zum Beispiel seit 20 bis 30 Jahren mit Erdenergien [die Lebensenergien der Erde]. Ich sehe meine Rolle darin, dazu beizutragen, diese Art von Energiesystemen zu heilen. Und die öffentliche Domäne, in der ich das tue, ist das Währungssystem. Es ist wichtig zu verstehen, dass das Geldsystem nur die menschliche Anwendung von viel größeren Energiesystemen ist. Geld ist die Art und Weise, wie Menschen beschlossen haben, Energie untereinander auszutauschen. Als solches ist es ein wichtiger Akupunkturpunkt.«[81]

In einem Interview ging er darauf ein, inwiefern er die Gegenwart als eine erneute Wendezeit verstand, in der die Menschen »kollektiv« zu einem systemischen Bewusstsein gelangen können, das eine andere, erweiterte Erfahrung der Wirklichkeit mit sich bringt.

»Es gibt ja in allen Kulturen und zu allen Zeiten Menschen, denen eine fundamental andere Wahrnehmung unserer Welt zugänglich ist. Meist werden diese Phänomene als ›mystisch‹ bezeichnet, aber wir finden sie auch in unserer eigenen Religion wieder: Franziskus hatte Zugang zum Erleben der Tiere, Jesus zum Erleben seiner Mitmenschen. – Im Grunde lässt sich dies immer mit dem Erlebnis von Einheit beschreiben, dem Erlebnis des Nicht-getrennt-Seins. In dieser Sichtweise gehören wir beide ursprünglich zusammen und auch alle anderen Menschen und auch der Tisch zwischen uns und das Haus und die Natur um uns herum. Das alles, wir alle, sind nur Facetten, die in enger Abhängigkeit zueinander stehen. Und unter dieser Voraussetzung wird es unmöglich einander auszubeuten. Man schneidet sich ja buchstäblich ins eigene Fleisch. Die neuen Erkenntnisse in Physik und Biologie sind dieser Wahrnehmung gegenüber offener als je zuvor, und die globalen Ereignisse, von denen wir vorher sprachen, schaffen bereits ein Bewusstsein dafür, dass wir alle wenigstens im selben Boot sitzen. – Aber nach wie vor kommt es auf das persönliche Erleben dieser Verbundenheit an. Manche Menschen erlangen solche Einsicht nach jahrelangen Meditationsübungen, anderen fliegt sie unvermittelt zu. Da scheint es keine Regel zu geben. Aber vielleicht macht es unser gerade entstehendes globales Bewusstsein, gefördert durch unsere weltumspannenden Technologien und Informationssysteme, ab einem gewissen Punkt der Durchdringung möglich, kollektiv zu einem solchen Erkennen und Erleben zu gelangen. Vielleicht gibt es da eine kritische Masse, von der an das momentan Unvorstellbare möglich wird. – Es heißt immer, die Renaissance sei von nur 2 bis 3% der damaligen Menschen eingeleitet worden und hätte sich im Laufe von 200 Jahren zu einer umfassenden Neuorientierung der Welt durchgesetzt. Heute haben wir natürlich viel weniger Zeit, aber seitdem haben sich auch alle Veränderungsprozesse in allen Bereichen unserer Kultur exponentiell beschleunigt. Und vielleicht stecken wir schon mittendrin.«[82]

EPILOG

Über den Kirchenlehrer Augustinus von Hippo ist die Geschichte überliefert, dass er bei einem Spaziergang am Strand ein spielendes Kind beobachtete, das mit einer Muschel Wasser aus dem Meer in ein Loch schöpfte, das es vorher in den Sand gegraben hatte. Als er das Kind fragte, was es da tat, antwortete das Kind, dass es das Meer in das Loch schöpfen würde. Anhand dieser Begebenheit begriff Augustinus, wie anders Kinder die Welt erleben. Für sie ist in jedem Teil das Ganze enthalten, so dass das Kind am Strand tatsächlich das Wasser in der Muschel als ganzes Meer erlebte. Dieses ganzheitliche Bewusstsein, das natürlich gegeben ist, verliert der Mensch im Laufe der Jahre bis zu seinem Erwachsensein – kann es sich aber, wie wir in diesem Buch gesehen haben, aus eigener Bemühung wieder zurückerobern.

Im vorigen Kapitel war unter anderem davon die Rede, dass Kinder ihre Mitwelt – und darin natürlich auch sich selbst – noch ganz anders erleben. Man bedenke, dass Kinder meistens erst im zweiten, manche erst im dritten Lebensjahr damit beginnen, zu sich selbst »ich« zu sagen. Und dann vergehen weitere Monate, bis das Kind, in der sogenannten Trotzphase angekommen, sich selbst ansatzweise als Ich zu begreifen beginnt. Erwachsene mögen über all das staunen, sich freuen oder gelegentlich auch ärgern. Sie mögen denken, dass das Kind vom »Ernst des Lebens« noch nichts weiß, sondern ihm erst entgegenwächst. Aber stimmt das?

In zahllosen Märchen, Legenden und religiösen Überlieferungen – besonders eindrücklich zum Beispiel im Matthäus-Evangelium[83] – wird die geistige Verfassung eines Kindes als Ideal und Ziel einer geistlichen Entwicklung beschrieben, die für Erwachsene beispielhaft ist. Demgemäß geht es darum, in späteren Lebensjahren jenen Bewusstseinszustand wieder zu erreichen, der dem Kind von Natur aus zu eigen ist. Wesentlich daran ist, dass Kinder sich von ihrer Mitwelt noch nicht so getrennt erleben, wie die Erwachsenen es tun. Nicht nur im Verhältnis zur eigenen Körpergröße, sondern vor allem qualitativ ist die »Kinderwelt« noch riesengroß. Pflanzen und Tiere, sogar der Wind und die Wolken werden als personifizierte, gleichberechtigte Lebewesen erfahren. Die Sprache der Märchen, die manchen Erwachsenen nicht mehr einfach zugänglich ist, beschreibt so gesehen die Wirklichkeit kindlichen Erlebens.

Wenn wir davon ausgehen, dass es einem erwachsenen, für die Belange des irdischen Lebens gut gebildeten Menschen möglich ist, ohne Verzicht auf sein Wissen und seine Fertigkeiten die Qualitäten kindlichen Welterlebens mit seinem Bewusstsein zu verbinden, gewinnen wir eine Vorstellung vom Entwicklungsgrad der Hoyaneh. Das Sieben-Generationen-Gewahrsein ist eine spirituelle Übung, die genau dazu verhilft. Man kann sie zunächst gelegentlich durchführen – etwa, wenn tatsächlich augenfällig wichtige Entscheidungen anstehen, wie beispielsweise ein Berufswechsel, eine schwerwiegende, medizinische Behandlung oder ein Wohnortwechsel –, um sie im Laufe der Zeit mit weiteren, scheinbar nicht so bedeutenden Ereignissen des Alltags zu verbinden. So wird sich nach und nach eine Grundstimmung entwickeln, aus der jene Ideen, Intuitionen, Offenbarungen hervorgehen, von denen in diesem Buch mehrfach die Rede ist. Sie vermitteln Eindrücke von einer dem Leben dienlichen Weisheit, die aus dem großen Zusammenhang, dem großen Einen, hervorgeht.

Methodisch ergibt sich das Selbsterleben dann nicht mehr nur dadurch, dass wir uns eines Identitätsgefühls bedienen, das aus addierten Erfahrungen abgeleitet wurde. Es entsteht auch aufgrund eines Ahnens, das sich gerade dann entwickelt, wenn wir uns zugunsten einer holistischen Weltsicht vom Bann des Vordergründigen lösen. So befremdlich es zunächst auch erscheint: In diesem Sinne kommt es gerade darauf an, »etwas«, vielleicht sogar sich selbst – insofern es um ein Selbstbewusstsein geht, das auf dem sprichwörtlichen Reichtum an Erfahrungen, Wissen und Besitz beruht –, zu entsagen. So können wir zur Erkenntnis des Wesentlichen gelangen. Das ist in vielen Religionen und spirituellen Lehren bereits veranlagt.

Auch wir Heutigen können uns mit dieser sinnstiftenden Weisheit verbinden, die unsere Aufmerksamkeit auf das Wesentliche lenkt, denn das Sieben-Generationen-Gewahrsein ist vor allem geeignet, das Gemeinsame vor dem Eigenen sehen zu lernen. Es ist ein kulturelles Erbe von unschätzbarem Wert, weil mit ihm ein Schlüssel zu einer spirituellen Entwicklung überliefert ist, die jeder Mensch zur Heilung der Erde und seiner selbst gestalten kann.

»Erst wenn wir den Weg verloren haben, beziehungsweise wenn wir die Welt verloren haben, beginnen wir, uns selbst zu finden, und entdecken, wer wir sind und wie unendlich das Ausmaß unserer Verbindungen ist.«[84]

Ergänzungen und Nachweis der Zitate

Teil 1: Vorzeichen

1 zitiert aus: Krause, Peter: *Wenn ich tanze, bete ich zum Adler*, in: *Tierkommunikation*, Flensburg 2015, S. 115-128

Teil I: Vorzeichen

2 z. B.: 2. Mose – Kapitel 20

3 https://www.bibelkommentare.de/index.php?page=dict&article_id=2548

4 Dilthey, Wilhelm: Über das Studium der Geschichte der Wissenschaften vom Mensch, der Gesellschaft und dem Staat (1875), in: ders.: Die Geistige Welt. Einleitung in die Philosophie des Lebens. Erste Hälfte: Abhandlungen zur Grundlegung der Geisteswissenschaften, Gesammelte Schriften V. Bd., 5., unveränderte Auflage, Stuttgart und Göttingen 1957, S. 37

5 Der Historiker Jürgen Reulecke definiert Generationalität als »eine Annäherung an die subjektive Selbst- und Fremdverortung von Menschen in ihrer Zeit und deren damit verbundenen Sinnstiftungen – dies mit Blick auf die von ihnen erlebte Geschichte und die Kontexte, die sie umgeben, die sie wahrnehmen und in denen sie ihre Erfahrungen machen.« (Reulecke, Jürgen et al.: *Generationalität und Lebensgeschichte im 20. Jahrhundert*, München 2003, S. VIII)

6 Bockemühl, Jochen: *Elemente und Äther – Betrachtungsweisen der Welt*, in: Bockemühl, Jochen et al: *Erscheinungsformen des Ätherischen*, Stuttgart 1977, S. 19f.

7 »The Lords of the Confederacy of the Five Nations shall be mentors of the people for all time. The thickness of their skin shall be seven spans – which is to say that they shall be proof against anger, offensive actions and criticism. Their hearts shall be full of peace and good will and their minds filled with a yearning for the welfare of the people of the Confederacy. With endless patience they shall carry out their duty and their firmness shall be tempered with a tenderness for their people. Neither anger nor fury shall find lodgement in their minds and all their words and actions shall be marked by calm deliberation.« (Quelle: https://cscie12.dce.harvard.edu/ssi/iroquois/simple/1.shtml) #'lodgement' überprüft#

8 »We now do crown you with the sacred emblem of the deer's antlers, the emblem of your Lordship. You shall now become a mentor of the people of the Five Nations. The thickness of your skin shall be seven spans – which is to say that you shall be proof against anger, offensive actions and criticism. Your heart shall be filled with peace and good will and your mind filled with

a yearning for the welfare of the people of the Confederacy. With endless patience you shall carry out your duty and your firmness shall be tempered with tenderness for your people. Neither anger nor fury shall find lodgement in your mind and all your words and actions shall be marked with calm deliberation. [...] In all of your deliberations in the Confederate Council, in your efforts at law making, in all your official acts, self interest shall be cast into oblivion. Cast not over your shoulder behind you the warnings of the nephews and nieces should they chide you for any error or wrong you may do, but return to the way of the Great Law which is just and right. Look and listen for the welfare of the whole people and have always in view not only the present but also the coming generations, even those whose faces are yet beneath the surface of the ground – the unborn of the future Nation.« (Quelle: https://cscie12.dce.harvard.edu/ssi/iroquois/simple/1.shtml)

9 Wulf, Andrea: *Alexander von Humboldt*, München 2016, S. 24

10 ebd., S. 121 f.

11 ebd., S. 168

12 ebd., S. 56

13 Goethe, Johann Wolfgang: *Metamorphose der Pflanzen*, Stuttgart 1977, S. 27 ff.

14 Steiner, Rudolf: *Einleitung in Goethes naturwissenschaftliche Schriften*, in: Goethe, Johann Wolfgang: *Metamorphose der Pflanzen*, Stuttgart 1977, S. 6

15 Bockemühl, Jochen: *Elemente und Äther – Betrachtungsweisen der Welt*, in: Bokkemühl, Jochen et al.: *Erscheinungsformen des Ätherischen*, Stuttgart 1977, S. 18

16 »The fundamental factor that keeps Indians and non-Indians from communicating is that they are speaking about two entirely different perceptions of the world. Growing up on an Indian reservation makes one acutely aware of the mysteries of the universe...Attending school away from the reservation is a traumatic experience for most Indian people. In the white man's world knowledge is a matter of memorizing theories, dates, lists of kings and presidents, the table of chemical elements, and many things not encountered in the course of a day's work. Knowledge seems divorced from experience...That a reality exists which we cannot measure is difficult for non-Indian peoples to believe, or at least to believe emotionally rather than intellectually.« (Deloria, Vine, Jr.: *The Metaphysics of Modern Existence*, New York 1979; Quelle: https://fnti.weebly.com/introduction-to-indigenous-worldviews.html)

17 Schad, Wolfgang: *Das Denken, ein Schlüssel zum Ätherischen*, in: Bockemühl, Jochen et al.: *Erscheinungsformen des Ätherischen*, Stuttgart 1977, S. 136

18 ebd., S. 135

19 Wulf, Andrea: *Alexander von Humboldt*, München 2016, S. 58

20 Peat, Frederick David: *Der Stein der Weisen*, Hamburg 1992, S. 149

21 »Die Karte des Zustandsraumes, absolut determiniert und von kompromissloser Objektivität, hat Sychronizitäten und Epiphanien ausgespart. Und

indem sie dem Leben seine Geheimnisse und seine Besonderheit nahm, hob sie es auf die gleiche Ebene komplizierter Maschinen, während das einstige Empfinden von der Gemeinsamkeit mit der natürlichen Welt verlorenging. Da eine nicht-unitäre Transformation an nichts gebunden ist, was die Vergangenheit vorgibt, stellt sich eine wichtige Frage: Warum existiert überhaupt irgend etwas? Warum ist nicht nichts? Warum gibt es Strukturen, Welten und Gedanken, Erinnerungen und Erfahrungen, statt nur ein amorphes, eigenschaftsloses, pulsierendes Jetzt? Schließlich wird jeder Augenblick aufs Neue durch eine nicht-unitäre Transformation hervorgebracht, die sich jeder Festlegung durch die Vergangenheit entzieht. Wie kommt also die Kontinuität ins Universum, und warum bleibt irgend etwas von einem Augenblick zum nächsten sich selbst gleich?« (Peat, Frederick David: *Der Stein der Weisen*, Hamburg 1992, S. 167)

22 Peat, Frederick David: *Der Stein der Weisen*, Hamburg 1992, S. 169
23 Herschel, Wilhelm: Über den Bau des Himmels. Abhandlungen über die Struktur des Universums und die Entwicklung der Himmelskörper 1784-1814. Hrsg. von Jürgen Hamel, Frankfurt a. M. 2001
24 Peat, Frederick David: *Der Stein der Weisen*, Hamburg 1992, S. 156
25 Wulf, Andrea: *Alexander von Humboldt*, München 2016, S. 294 f.
26 ebd., S. 403 f.
27 Bockemühl, Jochen: *Elemente und Äther – Betrachtungsweisen der Welt*, in: Bockemühl, Jochen et al.: *Erscheinungsformen des Ätherischen*, Stuttgart 1977, S. 11 f.
28 ebd., S. 12 f.
29 ebd., S. 15

Teil II: Bedingungen

1 »In allen indigenen Kulturen sind es die Großeltern, die Großmutter, der Großvater, die den kleinen Kindern, ihren Enkelinnen und Enkeln, die große Welt erklären. Die Eltern sind mit der Führung des täglichen Lebens viel zu beschäftigt, und sie sind noch voll unrealistischem Optimismus, so dass sie den großen Zusammenhang weniger gut erkennen und weniger gut erklären können als die Generation vor ihnen. Das Bild hinkt allerdings insofern, als wir uns nicht aus der Verantwortung für das Gegebene fortschleichen können, indem wir schnell die Generationenstufe wechseln. Nein, in der harten Wirklichkeit sind wir die Täter, die fortfahren, die Welt unserer Enkel zu ruinieren. Doch in der Vision müssen wir die Großeltern sein, die kritisch mit ihrem Tun als Eltern umzugehen haben, um die Samen für das Neue, die enkeltaugliche Post-Kollaps-Welt des guten Lebens, wenigstens für einige unserer Nachkommen in den Boden zu legen.« (Heimrath, Johannes: *Die Postkollaps-Gesellschaft*, Berlin und München 2012, S. 159 f.)
2 »If you ask me what is the most important thing that I have learned about

being a Haudenosaunee, it's the idea that we are connected to a community, but a community that transcends time. We're connected to the first Indians who walked on this earth, the very first ones, however long ago that was. But we're also connected to those Indians who aren't even born yet, who are going to walk this earth. And our job in the middle is to bridge that gap. You take the inheritance from the past, you add to it, your ideas and your thinking, and you bundle it up and shoot it to the future. And there is a different kind of responsibility. That is not just about me, my pride and my ego, it's about all that other stuff. We inherit a duty, we inherit a responsibility.‹‹ (Hill, Rick Sr. (Tuscarora), Chair, Haudenosaunee Stabding Committee on NAGPRA; Quelle: https://fnti.weebly.com/introduction-to-indigenous-worldviews.html)

3 »We really do see ourselves as part of a community, the immediate community, the Native American community, but part of your nation and the Confederacy. And if you have been given responsibilities within that structure, you must really attend to those responsibilities. You start to think in terms of the people who come after me. Those faces that are coming from beneath the earth that are yet unborn, is the way we refer to that. They are going to need the same things that we have found here, they would like the earth to be as it is now, or a little better. Everything that we have now is the result of our ancestors who handed forth to us our language, the preservation of the land, our way of life and the songs and dances. So now we will maintain those and carry those on for future generations.‹‹

(Jemison, G. Peter, Faithkeeper, Cattaraugus Reservation, Seneca Nation, in: Ekberzade, Bikem: *Standing Rock – Greed, Oil and the Lakota's Struggle for Justice*, London 2018; Quelle: https://www.pbs.org/warrior/content/timeline/opendoor/roleOfChief.html)

4 Peat, Frederick David: *Der Stein der Weisen*, Hamburg 1992, S. 94 f.

5 ebd., S. 138

6 Panikkar, Raimon: *Rückkehr zum Mythos*, Frankfurt am Main und Leipzig 1992, S. 16

7 ebd., S. 10 f.

8 Eckermann, Johann Peter: *Gespräche mit Goethe in den letzten Jahren seines Lebens*, 11. April 1827, cit.: Busch-Salmen, Gabriele et al. (HG): *Goethe-Handbuch Supplemente, Band 2: Naturwissenschaften*, Berlin 2016, S. 376

9 Bosse, Dankmar: *Die Lebenssphäre der Erde*, Arlesheim 2012, S. 54

10 Krause, Peter: *Leben in der Todesnähe*, Frankfurt a.M. 2019, S. 130 ff.

11 Hoerner, Wilhelm: *Zeit und Rhythmus*, Stuttgart 1978, S. 77

12 »Man kann ein Kamel mit erstaunlichem Gewicht beladen. Solange man das nach und nach und in kleinen Portionen tut, wird das Kamel sich der gestiegenen Last anpassen und stehen bleiben, bis die Grenze seiner Trag-

kraft erreicht ist. An diesem Punkt genügt ein weiterer zusätzlicher Strohhalm, um dem Kamel den Rücken zu brechen. Man nennt dieses Phänomen Nichtlinearität, und genauso verhalten sich alle natürlichen und somit auch menschlichen Systeme. Ein natürliches System passt sich steigendem Stress an, bis der kritische Punkt erreicht ist, an dem es entweder plötzlich zusammenbricht – oder mutiert.« (Heimrath, Johannes: *Die Postkollaps-Gesellschaft*, Berlin und München 2012, S. 25)

13 Wulf, Andrea: *Alexander von Humboldt*, München 2016, S. 87

14 ebd., S. 101

15 Genesis 1:26 Und Gott sprach: Lasset uns Menschen machen in unserem Bilde, nach unserem Gleichnis; und sie sollen herrschen über die Fische des Meeres und über das Gevögel des Himmels und über das Vieh und über die ganze Erde und über alles Gewürm, das sich auf der Erde regt! 27 Und Gott schuf den Menschen zu seinem Bilde, zum Bilde Gottes schuf er ihn; und schuf sie männlich und weiblich. 28 Und Gott segnete sie und sprach zu ihnen: Seid fruchtbar und mehret euch und füllet die Erde und machet sie euch untertan; und herrschet über die Fische im Meer und über die Vögel unter dem Himmel und über alles Getier, das sich auf Erden kriecht. 29 Und Gott sprach: Sehet da, ich habe euch gegeben alle Pflanzen, die Samen bringen, auf der ganzen Erde, und alle Bäume mit Früchten, die Samen bringen, zu eurer Speise. 30 Aber allen Tieren auf Erden und allen Vögeln unter dem Himmel und allem Gewürm, das auf Erden lebt, habe ich alles grüne Kraut zur Nahrung gegeben. Und es geschah so. 31 Und Gott sah an alles, was er gemacht hatte, und siehe, es war sehr gut. Da ward Abend, und es ward Morgen: Tag Sechs. (Lauenstein, Diether: *Das Alte Testament*, Stuttgart 1990, S. 17)

Genesis 2:7 Da machte Gott der Herr den Menschen aus Erde vom Acker und blies ihm den Odem des Lebens in die Nase. Und so ward der Mensch ein lebendiges Wesen. (Lauenstein, Diether: *Das Alte Testament*, Stuttgart 1990, S. 23)

16 Sprüche 8, 22-31, Einheitsübersetzung 2016

17 Krause, Peter: *Bernard Lietaer – Leben und Werk*, Band I, Berlin 2020, S. 323 ff.

18 Johansen, Bruce E.; Grinde, Donald A. (Jr.): Exemplar of liberty: native America and the evolution of democracy, Los Angeles, 1991

19 https://www.senate.gov/reference/resources/pdf/hconres331.pdf

20 Hoerner, Wilhelm: *Zeit und Rhythmus*, Stuttgart 1978, S. 45

21 ebd., S. 43 f.

22 ebd., S. 39

23 Schad, Wolfgang: *Vom Verstehen der Zeit*, in: Kniebe, Georg (Hg.): *Was ist Zeit?*, Stuttgart 2000, S. 121

24 In der Eem-Warmzeit vor etwa 126.000 bis 115.000 Jahren begann der vorher nur nomadisierende Mensch, sich niederzulassen. Damit veränderte sich

sein Verhältnis zur Natur, insofern er mit dem Ackerbau begann. Die Gerste wurde als erstes Getreide kultiviert. Zugleich kam es zur Entwicklung der Bestattungskultur.

»Mit dieser ersten vorfindbaren Isolation vom Landschaftszusammenhang fanden zugleich die ersten nachweisbaren Bestattungen statt. Vom präsapienten Menschen fand man nie absichtliche Beerdigungen. Ihr erstes Vorkommen ist uns der unüberschaubare Hinweis darauf, dass die Lebenden nun das Rätsel des Todes bewusstseinsmäßig gekannt haben. Das heißt: Es begann die Ausdehnung des Zeiterlebens in die Zukunft hinein. Der Tod wird als das einzig Sichere erkannt, was die Zukunft in sich birgt. Wozu, weshalb, wofür lebt man bis dahin? Dieser Fragehorizont bildete sich. Das finale Denken erwachte bei der bewussten Erfassung der Zukunft zuerst. [...] Das biografische Bewusstsein hatte nun auch begonnen, nach dem Woher zu fragen. Zeugung, Schwangerschaft und Geburt bei Mensch und Tier wurden seitdem zu kultischen Inhalten des Lebens. Die Zeiterfahrung begann sich damit, im zweiten Schritt, auch in die Vergangenheit auszudehnen. Die Frage nach dem Woher, nach den ›Ur-sachen‹, das kausale Denken, erwachte davon. An den seitdem zu den großen Rätselfragen gewordenen Lebensgrenzen – am Lebensende und Lebensanfang – hat sich einst im Laufe der Menschheitsentwicklung das zuerst in die Zukunft, dann in die Vergangenheit gedehnte lineare Zeiterleben auseinander gefaltet.« (Schad, Wolfgang: *Vom Verstehen der Zeit*, in: Kniebe, Georg (Hg.): *Was ist Zeit?*, Stuttgart 2000, S. 113)

25 ebd., S. 122

26 ebd., S. 123

27 »Bei den Griechen des Altertums gab es zwei verschiedene Wörter für Zeit: Chronos und Kairos. Chronos war die Zeit als Zeitdauer und Zeitfluss und kennzeichnete die vergangene und zukünftige Zeit. Kairos dagegen bedeutete die rechte Zeit, den rechten Augenblick, wie er sich aus dem Zusammenwirken von Vergangenem und Zukünftigem, als Entwicklungsmoment, ergibt. [...] Die alte Dualität der Zeitvorstellungen ist – zumindest im Abendland – verlorengegangen zugunsten der Entwicklung eines einseitigen physikalischen Zeitbegriffes, den Kant als apriorische Form der Anschauung (neben dem Raum) und Voraussetzung jeder Erkenntnis definieren konnte. Dieser Zeitbegriff ermöglichte schließlich die Emanzipation des Menschen aus den naturgegebenen Zeitordnungen.« (Hildebrandt, Gunther: *Zeiterleben und Zeitorganismus des Menschen*, in: Kniebe, Georg (Hg.): *Was ist Zeit?*, Stuttgart 2000, S. 85 f.)

Spiralen der Zeitverläufe:

»Der reine Begriff der zyklischen Wiederkehr, des Kreisens von Gleichem zu wieder Gleichem, ist starre Form und befriedigt das westliche Denken schon lange nicht mehr. Die Vorstellung der linearen Entwicklung stößt notwendig an Grenzen. Anfang und Ende sind solche Grenzen, die Fragen unbeantwortet lassen. Die unvermeidlichen Fragen ›Was war vorher? Wie wird es danach sein?‹ verdeutlichen, wie auch diese Denkfigur erstarren und abstrakt werden kann. Zudem nimmt sie wenig Rücksicht auf die doch auch beobachtbare Tatsache, dass immerhin Ähnliches zyklisch wiederkehrt. So wird sich ein verbindender Zeitbegriff auftun müssen, der das Weiterschreiten enthält und zugleich kreisende Elemente in sich aufnimmt. Sein Bild wäre der spiralig gedachte Zeitlauf. Wie bei der ersten Naturform, die sich in der Zeit sichtbar entfaltet, bei der Pflanze, ein gerader Aufstieg des Stengels und eine kreisende Gebärde der Blattverzweigungen verwoben sind (Goethe), so kann auch die historische Zeit mit mehr Verständnis erfasst werden, wenn Zyklen denkbar sind, die dennoch stufenweise aufeinander aufbauen. Das Ähnliche wird dann als das Gleiche auf höherem Niveau erscheinen.« (Kniebe, Georg: *Phänomenologische Betrachtung der Zeit*, in: Kniebe, Georg (Hg.): *Was ist Zeit?*, Stuttgart 2000, S. 39)

28 (Hildebrandt, Gunther: *Zeiterleben und Zeitorganismus des Menschen*, in: Kniebe, Georg (Hg.): *Was ist Zeit?*, Stuttgart 2000, S. 91 ff.)

29 ebd., S. 103 f.

30 ebd., S. 82

31 Schubert, Gotthilf Heinrich: *Die Geschichte der Seele*, Hildesheim 1961, S. 327

Teil III: Praktische Aspekte

1 https://de.statista.com/statistik/daten/studie/710674/umfrage/umfrage-zu-den-groessten-problemen-nach-verantwortung-und-tatsaechlichem-einfluss-von-millennials

2 Russell, Peter: *Die erwachende Erde*, München 1985, S. 55 ff.

3 Genesis 1, Verse 6-8

4 Bockemühl, Jochen: *Elemente und Äther – Betrachtungsweisen der Welt*, in: Bockemühl, Jochen et al.: *Erscheinungsformen des Ätherischen*, Stuttgart 1977, S. 17

5 Berendt, Joachim E.: *Nada Brahma – Die Welt ist Klang*, Frankfurt a.M. 2014, S. 123

6 lyriktheorie.uni-wuppertal.de/texte/1838_eichendorff.html

7 Rudolf Steiner: *Einleitung in Goethes naturwissenschaftliche Schriften*, in: Goethe, Johann Wolfgang: *Metamorphose der Pflanzen*, Stuttgart 1977, S. 15

8 Peat, Frederick David: *Der Stein der Weisen*, Hamburg 1992, S. 65

9 Wulf, Andrea: *Alexander von Humboldt*, München 2016, S. 296 ff.

10 »Vieles, was wir als schön empfinden – in der Natur, in der Kunst, am menschlichen Körper –, gehorcht den Gesetzen des Goldenen Schnittes. Im Lexikon findet sich folgende Definition: ›Goldener Schnitt: Teilung einer Strecke so, dass die ganze Strecke a zum größeren Teil b sich wie der größere

Teil b zum kleineren (a – b) verhält. Also a : b = b : (a – b).‹ Das klingt ziemlich trocken, gewinnt aber sofort Leben, wenn man sich vorstellt, dass der Goldene Schnitt ein Sext-Phänomen (3 : 5 und 5 : 8) ist, – ein in der Musik wie im Kosmos besonders wichtiges Intervall.« (Berendt, Joachim E.: *Nada Brahma – Die Welt ist Klang*, Frankfurt a.M. 2014, S. 129)

11 »Die Taktmaße der Musik waren bis ins 18. Jahrhundert hinein noch an Herz- und Atemrhythmus orientiert.« (Hildebrandt, Gunther: *Zeiterleben und Zeitorganismus des Menschen*, in: Kniebe, Georg (Hg.): *Was ist Zeit?*, Stuttgart 2000, S. 89)

»Das Zentrum des rhythmischen Systems muss auch in Bezug auf das Leistungsverhalten der Rhythmen eine polare Spannung zwischen dem Nerven-Sinnes-System und dem Stoffwechsel-Bewegungs-System ausgleichen, zwischen einer Zeitstruktur, die von den einfließenden Informationen und Leistungsanforderungen ständig frequenzmoduliert wird, und einer anderen, deren Rhythmen in ihrer Frequenz streng an die vorgebildete harmonisch-musikalische Ordnung gebunden sind.«

(Hildebrandt, Gunther: *Zeiterleben und Zeitorganismus des Menschen*, in: Kniebe, Georg (Hg.): *Was ist Zeit?*, Stuttgart 2000, S. 92)

»Der höchste Grad an Ordnung bedeutet zugleich größte Einfachheit der Frequenzbeziehungen mit Dominieren der oktavischen Intervalle und strengste Phasenordnung im Sinne einer absoluten Koordination, bei der jede Aktion einer rhythmischen Funktion in ökonomisch optimaler Koaktion an eine bestimmte Phase anderer Funktionen gekoppelt wird.« (Hildebrandt, Gunther: *Zeiterleben und Zeitorganismus des Menschen*, in: Kniebe, Georg (Hg.): *Was ist Zeit?*, Stuttgart 2000, S. 98)

12 Peat, Frederick David: *Der Stein der Weisen*, Hamburg 1992, S. 140

13 Turner, Mark; Fauconnier, Gilles: *The Way We Think. Conceptual Blending and the Mind's Hidden Complexities*, New York 2002, S. 37

14 Koestler, Arthur: *The Act of Creation*, New York 1964, S. 38

15 https://www.spiegel.de/spiegel/print/d-138055365.html

16 »Ein verbreiteter Denkfehler liegt darin, dass wir beim Verbundensein mit dem Gegebenen nicht genug Abstand gewinnen, um den ganzen Verlauf einer metamorphischen Biographie erkennen zu können. So kommt es, dass wir den Schmetterling als das Ziel einer Entwicklung sehen, die doch in Wahrheit ein Zyklus ist, in dem der Phänotyp des fliegenden Falters nur einen vorübergehenden Zustand darstellt, gleichbedeutend mit dem des Eis, der Raupe und der Puppe. Doch für dieses *ganze* Wesen haben wir keinen Namen. Und was wir nicht benennen können, existiert nicht.« (Heimrath, Johannes: *Die Postkollaps-Gesellschaft*, Berlin und München 2012, S 76)

17 Wilber, Ken: *Naturwissenschaft und Religion*, Frankfurt am Main 2010, S. 56

18 Zur kausalen und teleologischen Erklärungsweise:

»Sie gilt heute landläufig als die einzige exakte wissenschaftliche Denkweise. Ihr Prinzip ist der Kausalnexus. Er besagt, dass jeder beobachtete Zustand die Wirkung einer zeitlich vorhergehenden Ursache ist und dass dabei jede Ursache oder jeder Ursachenkomplex nur eine Art der Wirkungen haben kann. Alle künftigen Erscheinungen sind also notwendige Auswirkungen der gegenwärtigen Ursachen und diese wieder die notwendigen Wirkungen vergangener Ursachen. Die Erscheinungen sind in ihrer Aufeinanderfolge durch die jeweils vorhergegangenen Zustände determiniert. Diese Determination der Erscheinungen durch ihre vorhergegangenen Zustände ist der Kausalnexus. Das Wesentliche ist, dass bei der kausalen Erklärung jede Erscheinung als Produkt ihrer Vergangenheit anerkannt wird.« (Schad, Wolfgang: *Das Denken, ein Schlüssel zum Ätherischen*, in: Bockemühl, Jochen et al.: *Erscheinungsformen des Ätherischen*, Stuttgart 1977 S. 136)

»Anders liegen die Verhältnisse bei der teleologischen Erklärung. Sie gilt heute im Bereich der Naturwissenschaften nicht als exakte Erklärung. Die Organisation der Lebewesen erscheint aber in unzähligen Einzelheiten so zweckmäßig, dass die teleologische Deutung vom Zweck und Ziel her noch immer vielfach im biologischen Lehrbetrieb auftritt, wenn man nur einmal darauf achtet. Irgendeine nicht näher erläuterte Instanz – heute meist die ›Natur‹ – hat dieses oder jenes für bestimmte Zwecke eingerichtet. Solche Erklärungen werden allerdings nicht mit vollem Ernst, sondern mit dem leichten Anflug von Erstaunlichkeit und schriftlich in Anführungszeichen gegeben. Nimmt man sich selbst dabei auch nicht ganz ernst, so wird doch heute in populären Darstellungen auf diese Weise eine Fülle an Fragen erst einmal befriedigt. – Was aber ist letztlich die Eigenart dieser Denkweise? Ein noch zukünftiger Endzweck wirkt so auf die gegenwärtigen Verhältnisse zurück, dass diese zum Mittel für die Verursachung dieses Endzweckes werden. Das Mittel geht mithin zeitlich voraus, und seine zukünftige Wirkung ist der Zweck. Wesentlich ist also hierbei, dass die Determination von der Zukunft her geschieht. Die teleologische Deutung anerkennt eine Erscheinung nur in ihrer Bedingtheit durch die Zukunft.« (Schad, Wolfgang: *Das Denken, ein Schlüssel zum Ätherischen*, in: Bockemühl, Jochen et al.: *Erscheinungsformen des Ätherischen*, Stuttgart 1977 S. 136 f.)

19 Schad, Wolfgang: *Das Denken, ein Schlüssel zum Ätherischen*, in: Bockemühl, Jochen et al.: *Erscheinungsformen des Ätherischen*, Stuttgart 1977 S. 144 ff.

20 Haeckel, Ernst: *Generelle Morphologie der Organismen. Allgemeine Grundzüge der organischen Formen-Wissenschaft, mechanisch begründet durch die von Charles Darwin reformirte Descendenz-Theorie.* Band 2, Berlin 1866, S. 286

21 Bockemühl, Jochen: *Sterbende Wälder – eine Bewusstseinsfrage*, Dornach 1984, S. 18

22 ebd., S. 30

23 ebd., S. 82

24 Meadows, Donella und Dennis et al.: Die Grenzen des Wachstums, Stuttgart 1987, S. 172 f.

25 »Commander Mitchell, who had a doctorate in flight sciences, had long maintained a parallel interest in the study of consciousness, a fascination that was heightened during his return from the moon. ›It was a sense of the Earth being in critical condition, a recognition of the massive insanity which had led man into deeper and deeper crises on the planet‹, he told the writer Francine du Plessix Gray in The New York Times Magazine in August 1974. ›Above all, I felt the need for a radical change in our culture. I knew we were replete with untapped intuitive and psychic forces which we must utilize if we were to survive, forces that Western society had programmed us to disregard.‹ Heading home, Commander Mitchell secretly conducted an experiment in extrasensory perception – thought transference – while his fellow astronauts were asleep. He concentrated on symbols in a set of cards he had brought with him in the hope that four people he had selected back on Earth could read his thoughts and determine what those drawings were. In discussing the experiment at a news conference five months later, he said it produced ›results far exceeding anything expected.‹ Of the 200 guesses by his contacts back on Earth, he said, 51 correctly identified his thoughts.«

(Quelle: https://www.nytimes.com/2016/02/06/science/space/edgar-d-mitchell-sixth-moonwalking-astronaut-dies-at-85.html?_r=0)

26 Capra, Fritjof: *Lebensnetz*, Bern, München, Wien 1996, S. 19 f.

27 »Die Historie bezieht die Gegenwartserfahrung, dass der Weltlauf sich geändert hat, auf die Traditionen, die sagen, was man zu erwarten hat, wenn sich die Dinge ändern. Dabei verändert sie diese Deutungen jeweils so weit, dass sie der Gegenwartserfahrung kohärent werden und mit ihnen eine realistische Zukunftsperspektive entworfen werden kann. Solche Rückbezüge von Gegenwartserfahrungen auf historisch gedeutete Vergangenheit sind ein normaler Vorgang in der kulturellen Orientierung des menschlichen Handelns. Durch sie wird das Handeln im Verlauf der Zeit so orientiert, dass es in einem Gleichgewicht von Erinnerung und Erwartung erfolgt. Vorgegebene Deutungsmuster zeitlicher Veränderungen des Menschen und seiner Welt werden im Hinblick auf gegenwärtige Veränderungserfahrungen aktualisiert. Dies geschieht durch Erzählen von Geschichten. Erzählen heißt Interpretation von Zeiterfahrung. Die Geschichten, um die es hier geht, […] sind interpretierte Erfahrungen von zeitlichen Veränderungen des Menschen und seiner Welt in der Vergangenheit. Sie vergegenwärtigen diese vergangenen Veränderungen so, dass an ihnen ein Deutungsmuster für gegenwärtige Veränderungen abgelesen werden kann. Sie dienen der Handlungsorientierung, indem sie die für das aktuelle Handeln maßgebenden Erwartungen durch

Erinnerungen empirisch gehaltvoll werden lassen. Dabei erhält die erinnerte Vergangenheit eine Bedeutung für die Bewältigung der Gegenwart. Diese Einheit von Erfahrung und Bedeutung macht den Sinn einer Geschichte aus, um den es letztlich geht, wenn durch Erzählen Zeiterfahrung interpretiert wird. Und dieser ihr Sinn ist es, mit dem Geschichten handlungsorientierend wirken.« (Rüsen, Jörn: *Die Kraft der Erinnerung*, http://www.joern-ruesen.de/5.047_Die_Kraft_der_Erinnerung.pdf, S. 32)

28 Louv, Richard: *Das Prinzip Natur*, Weinheim und Basel 2012, S. 47

29 »Ron Rensink, Professor für Psychologie und Computerwissenschaften an der University of British Columbia, hat den sechsten Sinn erforscht, den er ›Hellsicht‹ (mindsight) nennt, um herauszufinden, wieso manche Menschen intuitiv fühlen, dass etwas geschehen wird. […] Seine Forschung deutet darauf hin, dass das Sehvermögen nicht nur auf einem Sinn beruht, sondern eigentlich eine Kombination von Fähigkeiten beinhaltet – und dass das Gehirn durch Licht eine Art antizipatorische Sicht entfalten kann, die dem tatsächlichen Bild vorhergeht. […] Die Sehkraft, einschließlich der ›Hellsicht‹, ein schärferes Gehör, ein wacher Sinn für Gerüche, ein Gefühl für die Position des Körpers im Raum – all diese Fähigkeiten kommen vermutlich gleichzeitig zum Einsatz. […] Jenseits der Propriozeption – jener Wahrnehmung der Körperposition im Raum durch Bewegung und Gleichgewicht – bietet uns die Natur die Möglichkeit, eine noch umfassendere Sinneswahrnehmung zu entwickeln: die der Position unseres Körpers und unseres Geistes im Universum und in der Zeit.« (Louv, Richard: *Das Prinzip Natur*, Weinheim und Basel 2012, S. 34 ff.)

30 »Fast zweihundert Jahre bevor der Begriff geprägt wurde, hatte Humboldt das Prinzip der Schlüsselart entdeckt – einer Art, die von einschneidender Bedeutung für ein ganzes Ökosystem ist. Für Humboldt war die Mauritiuspalme der Inbegriff des ›wohltätigen Lebensbaumes‹ – das perfekte Symbol für die Natur als lebendigen Organismus.«
(Wulf, Andrea: *Alexander von Humboldt*, München 2016, S. 105)

31 Meyer-Abich, Klaus Michael: *Aufstand für die Natur*, München und Wien 1990, S. 49 f.

32 Mumford, Lewis: *Mythos der Maschine. Kultur, Technik und Macht*, Europa-Verlag, Wien 1974

33 Scheidler, Fabian: *Das Ende der Megamaschine*, Wien 2015, S. 71

34 ebd., S. 116

35 Mumford, Lewis: *Mythos der Maschine. Kultur, Technik und Macht*, Europa-Verlag, Wien 1974

36 Anders, Günther: Die Antiquiertheit des Menschen, München 1958, S. 279

37 Meyer-Abich, Klaus Michael: *Wege zum Frieden mit der Natur*, München und Wien 1984, S. 124

38 Eine herkömmliche Bilanz bildet Geldwerte ab, hinter denen Vorgänge im Leben stehen. Es sind Ereignisse geschäftlicher Aktivitäten und – vor allem – Resultate von durch Menschen geleisteter Arbeit. (zu erweiterten Gesichtspunkten zur doppelten Buchführung und Bilanzierung siehe auch: Krause, Peter: *Arm und Reich – Die Spaltung von Welt und Leben*, Flensburg 2014, S. 120ff.)

39 »Wenn Menschen oftmaliges simuliertes Erschöpftsein der Commons erfahren, vermögen sie zu lernen – allerdings nur allmählich –, individuelle Bedürfnisse einzuschränken, um langfristiges Überleben zu sichern. In der wirklichen Welt dagegen können wir es uns nicht leisten, es auch nur ein einziges Mal zum Erschöpftsein der Lebensmittelvorräte, fossilen Brennstoffe und anderen Gemeingut-Ressourcen kommen zu lassen, geschweige denn Hunderte Male. Erst aus Erfahrung klug zu werden würde unseren Untergang bedeuten.«
(Russell, Peter: *Die erwachende Erde*, München 1985, S. 135)

40 »Das Heil einer Gesamtheit von zusammenarbeitenden Menschen ist um so größer, je weniger der einzelne die Erträgnisse seiner Leistungen für sich beansprucht, das heißt, je mehr er von diesen Erträgnissen an seine Mitarbeiter abgibt, und je mehr seine eigenen Bedürfnisse nicht aus seinen Leistungen, sondern aus den Leistungen der anderen befriedigt werden.« (Steiner, Rudolf: *Lucifer-Gnosis*, Dornach 1987, S. 213)

41 Meyer-Abich, Klaus Michael: »Aufstand für die Natur«, München und Wien 1990, S. 54 f.

42 »Für den aufmerksamen Beobachter gibt es genügend Erfahrungen, bei denen deutlich wird, dass die von der Naturwissenschaft allein gepflegte Erkenntnisart der gegenständlichen Welt nur eine bestimmte Form von Fragen zulässt und Antworten nur in einer eng begrenzten Richtung sucht. Solche in das Gegenwartsbewusstsein hineinragenden Erfahrungen werden aber so lange nicht über die Begrenzungen hinausführen, wie der Mensch sich nicht seines eigenen Verhältnisses zur Welt bewusst wird. Erst wenn er sich im Erkennen bemüht, der Entstehungsweise in ihm auftauchender Fragen nachzugehen, kann er sich auch von einer konventionell vorher bestimmten Beantwortungsweise befreien.« (Bockemühl, Jochen: *Elemente und Äther – Betrachtungsweisen der Welt*, in: Bockemühl, Jochen et al.: *Erscheinungsformen des Ätherischen*, Stuttgart 1977, S. 7)

43 Russell, Peter: *Die erwachende Erde*, München 1985, S. 61 ff.

44 »Der Politologe James R. Flynn zeigte bereits 1987 auf, dass der Intelligenzquotient in den ersten Jahrzehnten des 20. Jahrhunderts je Generation um fünf bis 25 Punkte zunahm (»Flynn-Effekt«), zweifelte aber dennoch daran, dass sich die Menschen im Laufe der Zeit intelligenter verhielten. So ist es das eine, wie intelligent Menschen bestehende Strukturen deuten, etwas anderes hingegen ist es, wie sie sich, besonders in unerwarteten Situationen,

verhalten. Wer ein Smartphone in Hochgeschwindigkeit zu bedienen weiß, ist noch lange nicht dazu in der Lage, ohne Streichhölzer ein Feuer zu entfachen! Tatsächlich sind Leistungen aus individueller Intelligenz heutzutage für das Überleben nicht mehr so relevant wie noch vor Jahrhunderten. So konstatiert der Entwicklungsbiologe und Genetiker Gerald Crabtree, dass intelligentes Verhalten in der Menschengemeinschaft während der vergangenen 120 Generationen trotz zunehmender Intelligenz kontinuierlich abnahm. Einfach schon aus dem Grund, so der Stanford-Gelehrte, weil kluge Entscheidungen und effektive Taten von einzelnen immer weniger gefordert werden. Andererseits ist nicht von der Hand zu weisen, dass es immer mehr darauf ankommt, die Intelligenz des Schwarms für das Lösen jener Aufgaben zu nutzen, die die Fähigkeiten einzelner Menschen übersteigen. Ob das in ausreichendem Umfang gelingt oder ob stattdessen ein manipulierter Herdentrieb die Oberhand gewinnt, bleibt abzuwarten.« (Krause, Peter: *Arm und Reich – Die Spaltung von Welt und Leben*, Flensburg 2014, S. 134)

45 Kovce, Philip: *Die Aufhebung des Menschen*, in: Hornemann, Bories; Steuernagel, Armin (Hg.): *Sozialrevolution*, Frankfurt 2017, S. 193 f.

46 Hüther, Gerald: *Selbstorganisation sozialer Systeme*, in: Hornemann, Bories; Steuernagel, Armin (Hg.): *Sozialrevolution*, Frankfurt 2017, S. 185 f.

47 ebd., S. 189

48 »Jede Ordnung subsumiert all die vorherigen Ordnungen, es geht nichts verloren. Dennoch wird etwas Neues geschaffen, und das neue Phänomen bringt Verhaltensmuster hervor, die eine neue Betrachtungs- und Erklärungsebene erfordern. Die westliche Naturwissenschaft tut sich mit dem Begriff ›emergierende Seinsordnung‹ mitunter schwer. Das liegt daran, dass eine ihrer Hauptmethoden zur Erfassung der Welt darin besteht, Phänomene und Prozesse in kleinere Einheiten aufzugliedern. Obwohl wertvoll auf manchen Gebieten (wie der physikalischen Chemie, der Technik und der Computer-Programmierung), hat diese sogenannte reduktionistische Methode den Nachteil, dass entstehende neue Eigenschaften des Gesamtsystems nicht erfasst beziehungsweise nicht behandelt werden.« (Russell, Peter: *Die erwachende Erde*, München 1985, S. 59 f.)

49 »In our society, women are the center of all things. Nature, we believe, has given women the ability to create; therefore it is only natural that women be in positions of power to protect this function. [...] We traced our clans through women; a child born into the world assumed the clan membership of its mother. [...] The young women received formal instruction in traditional planting. [...] Since the Iroquois were absolutely dependent upon the crops they grew, whoever controlled this vital activity wielded great power within our communities. It was our belief that since women were the givers of life they naturally regulated the feeding of our people. [...] In all countries, real

wealth stems from the control of land and its resources. Our Iroquois philosophers knew this as well as we knew natural law. To us it made sense for women to control the land since they were far more sensitive to the rhythms of the Mother Earth. We did not own the land but were custodians of it. Our women decided any and all issues involving territory, including where a community was to be built and how land was to be used. [...] In our political system, we mandated full equality. Our leaders were selected by a caucus of women before the appointments were subject to popular review. [...] Our traditional governments are composed of an equal number of men and women. The men are chiefs and the women *clan-mothers*. [...] As leaders, the women closely monitor the actions of the men and retain the right to veto any law they deem inappropriate.«

(George-Kanentiio, Doug: *Iroquois Culture & Commentary*, New Mexico 2000, S. 53 ff.)

50 »Natürlich unterscheiden sich Ökosysteme und menschliche Gemeinschaften in vielerlei Hinsicht. In Ökosystemen gibt es keine Selbsterkenntnis, keine Sprache, kein Bewusstsein und keine Kultur – und daher keine Gerechtigkeit, keine Demokratie, aber auch keine Habgier, keine Verlogenheit. Über diese menschlichen Werte und Fehler können wir von Ökosystemen nichts lernen. Aber wir können und müssen von ihnen lernen, prinzipiell ökologisch nachhaltig zu leben. Im Laufe von über drei Milliarden Jahren der Evolution haben sich die Ökosysteme des Planeten auf so subtile und komplexe Weise selbstorganisiert, dass sie die Anwendung dieses Prinzips optimiert haben. Diese Weisheit der Natur macht das Wesen des Ökobewusstseins aus. Ausgehend vom Verständnis von Ökosystemen als autopoietischen (›selbstmachenden‹, d.h. sich selbst erhellenden) Netzwerken und dissipativen Strukturen, können wir eine Reihe von Organisationsprinzipien formulieren, die als Grundprinzipien der Ökologie anzusehen sind, und sie als Richtlinien zur Bildung von ökologisch nachhaltigen menschlichen Gemeinschaften anwenden.«

(Capra, Fritjof: *Lebensnetz*, Bern, München, Wien 1996, S. 336 f.)

51 Russell, Peter: *Die erwachende Erde*, München 1985, S. 171

52 Emerson, Ralph Waldo: *Natur*, Schaffhausen 1981, S. 32 f.

53 ebd., S. 34 f.

54 ebd., S. 37

55 Thoreau, Henry David: *Walden – Ein Leben mit der Natur*, München 1999, S. 152

56 ebd., S. 236

57 »Eine der herausragendsten wissenschaftlichen Leistungen der letzten 25 Jahre ist die Entwicklung einer neuen Sprache für das Verstehen der Komplexität lebender Systeme (Organismen, sozialer Systeme und Ökosysteme). In den einzelnen Wissenschaftsbereichen hat man dafür unterschiedliche

Bezeichnungen gewählt: ›dynamische Systemtheorie‹, ›die Theorie der Komplexität‹, ›nichtlineare Dynamik‹, ›Netzwerkdynamik‹ usw. Einige ihrer Schlüsselbegriffe sind ›chaotische Attraktoren‹, ›Fraktale‹, ›dissipative Strukturen‹, ›Selbstorganisation‹ und ›autopoetische Netzwerke‹.« (Capra, Fritjof: *Lebensnetz*, Bern, München, Wien 1996, S. 336 f.)

58 »Biologisch gesprochen sind wir in hohem Maße selbsterhaltende, selbstregulierende und selbststeuernde Organismen, und diese Vorstellung vom individuellen, gleichsam unikaten ›Selbst‹ ist ein Symbol dieser Autonomie. Das Gefühl der Einzigartigkeit, das mit dem Bewusstsein eines getrennten Selbst einhergeht, ermöglicht uns, das eigene Selbst von anderen zu unterscheiden. Außerdem sichert das Streben nach Erlangen eines individuellen unikaten Selbst dem physiologischen Organismus größere Überlebenschancen.« (Russell, Peter: *Die erwachende Erde*, München 1985, S. 129)

59 »In der Psychologie bezeichnet man die der Bildung und Deutung von Wahrnehmung zugrundeliegenden Modelle als ›mentale Einstellungen‹. Sie konditionieren nicht nur das meiste unserer Erfahrungen, sondern bestimmen auch, was für jeden von uns ›Realität‹ ist. Aufgrund unserer Einstellungen sind wir prädisponiert, bestimmte Dinge in unserer Umwelt mehr zu sehen als andere.« (Russell, Peter: *Die erwachende Erde*, München 1985, S. 124)

60 Peat, Frederick David: *Der Stein der Weisen*, Hamburg 1992, S. 251 f.

61 Panikkar, Raimon: *Rückkehr zum Mythos*, Frankfurt am Main und Leipzig 1992, S. 20 f.

62 »Im Augenblick einer solchen Epiphanie wird uns bewusst, dass wir es mit einem universalen, vielleicht sogar ewigen Phänomen zu tun haben. Dieser Augenblick gewinnt eine besondere, erhellende Qualität und scheint sich in der Zeit unendlich auszudehnen. Wir spüren, dass alle Grenzen zwischen uns und der Außenwelt aufgehoben sind, denn das, was wir erleben, liegt jenseits aller Kategorien und aller Versuche, es mit Hilfe des logischen Denkens zu erfassen. Solche Epiphanien können sich in flüchtigen Augenblicken ereignen oder das ganze Leben eines Menschen durchdringen. Wie immer sie auch beschaffen sind, sie vermitteln uns ein Gefühl der Hoffnung und das Empfinden, das Universum selbst verfüge über einen tieferen Sinn. In solchen Augenblicken gewinnen wir die Überzeugung, dass es in der Tat möglich sei, in Harmonie mit Natur und Erde zu leben, Geist und Körper als Einheit zu empfinden und zutiefst befriedigende Beziehungen zu allem, was uns umgibt, zu unterhalten.« (Peat, Frederick David: *Der Stein der Weisen*, Hamburg 1992, S. 12 f.)

»Sinnerfüllte und ganzheitliche Augenblicke sind in unserer Kultur so selten geworden, dass wir spezielle Wörter erfinden müssen, um sie zu beschreiben – etwa *Synchronizität* oder *Epiphanie*. Der Psychologe Abraham Maslow nennt solche Ereignisse ›Gipfelerlebnisse‹. Die Angehörigen mancher Völker jedoch verbringen ihr ganzes Leben auf diesem Gipfel. [...] Wenn eine Trennung nicht überwunden werden muss, kann man mit Steinen und Bäumen reden und ihre inneren Stimmen hören. Man kann die Authentizität aller Dinge erfahren.« (Peat, Frederick David: *Der Stein der Weisen*, Hamburg 1992, S. 20)

63 Russell, Peter: *Die erwachende Erde*, München 1985, S. 100f.

64 Russell, Peter: *Die erwachende Erde*, München 1985, S. 117

65 Schad, Wolfgang: *Das Denken, ein Schlüssel zum Ätherischen*, in: Bockemühl, Jochen et al.: *Erscheinungsformen des Ätherischen*, Stuttgart 1977 S. 149

66 Peat, David F.: *Der Stein der Weisen*, Hamburg 1992, S. 263

67 Berggren, Henrik: *Dag Hammarskjöld – Das Unmögliche möglich machen*, Stuttgart 2017, S. 107

68 Mögle-Stadel, Stephan: *Dag Hammarskjöld – Vision einer Menschheitsethik*, Heidenheim 2006, S. 94

69 ebd., S. 95

70 Hammarskjöld, Dag: *Zeichen am Weg*, München 1976, S. 50

71 Mögle-Stadel, Stephan: *Dag Hammarskjöld – Vision einer Menschheitsethik*, Heidenheim 2006, S. 144

72 Maathai, Wangari: aus einer Rede vom 12. September 2009, Quelle: steyler.eu

73 Maathai, Wangari: https://www.goodreads.com/author/quotes/117297

74 Maathai, Wangari: »You strike the woman« in: Context Nr. 28, 1991, Quelle: steyler.eu

75 ebd.

76 Maathai, Wangari. Quelle: https://www.goodreads.com/author/quotes/117297

77 Hesse, Mary B.: *Operational Definition and Analogy in Physical Theories*, British Journal for the Philosophy of Science, Oxford 1952, No. 8, S. 291

78 Hesse, Mary B.: *Revolutions and Reconstructions in the Philosophy of Science*, zit. in: Templeton, John; Herrmann, Robert L.: *Is God the Only Reality*, West Conshohocken 1994, S. 11 f.

79 Krause, Peter: *Bernard Lietaer – Leben und Werk*, Band I, Berlin 2020, S. 334 f.

80 Krause, Peter: *Bernard Lietaer – Leben und Werk*, Band I und II, Berlin 2020

81 Krause, Peter: *Bernard Lietaer – Leben und Werk*, Band I, Berlin 2020, S. 327

82 Lietaer, Bernard; Bindewald, Leander: »Der blinde Fleck der globalen Krisen«, in: *Ende oder Neubeginn*, Flensburg 2011

83 Matthäusevangelium, Kapitel 18, Verse 2-4: »Jesus rief ein Kind zu sich und stellte das mitten unter sie und sprach: Wahrlich ich sage euch: Es sei denn, dass ihr umkehret und werdet wie die Kinder, so werdet ihr nicht ins Himmelreich kommen. Wer nun sich selbst erniedrigt wie dies Kind, der ist der Größte im Himmelreich.« Quelle: https://bibeltext.com/matthew/18-3.htm

84 Thoreau, Henry David: *Walden – Ein Leben mit der Natur*, München 1999, S. 187

Literaturverzeichnis

Anders, Günther: *Die Antiquiertheit des Menschen*, München 1958

Berendt, Joachim E.: *Nada Brahma – Die Welt ist Klang*, Frankfurt a.M. 2014

Berggren, Henrik: *Dag Hammarskjöld – Das Unmögliche möglich machen*, Stuttgart 2017

Bockemühl, Jochen: *Elemente und Äther – Betrachtungsweisen der Welt*, in: Bockemühl, Jochen et al.: *Erscheinungsformen des Ätherischen*, Stuttgart 1977

Bockemühl, Jochen: *Sterbende Wälder – eine Bewusstseinsfrage*, Dornach 1984

Bosse, Dankmar: *Die Lebenssphäre der Erde*, Arlesheim 2012

Bracker, Klaus J.: *Manichäismus und moderne Geisteswissenschaft*, Stuttgart 2019

Brooks, Frederik P.: *The Mythical Man-Month*, Boston 1975

Busch-Salmen, Gabriele et al. (Hg.): *Goethe-Handbuch Supplemente, Band 2: Naturwissenschaften*, Berlin 2016

Capra, Fritjof: *Das neue Denken*, Bern, München, Wien 1987

Capra, Fritjof: *Lebensnetz*, Bern, München, Wien 1996

Deloria, Vine, Jr.: *The Metaphysics of Modern Existence*, New York 1979; Quelle: https://fnti.weebly.com/introduction-to-indigenous-worldviews.html

Dilthey, Wilhelm: *Über das Studium der Geschichte der Wissenschaften vom Mensch, der Gesellschaft und dem Staat (1875)*, in: ders.: *Die Geistige Welt. Einleitung in die Philosophie des Lebens. Erste Hälfte: Abhandlungen zur Grundlegung der Geisteswissenschaften, Gesammelte Schriften V. Bd., 5.*, unveränderte Auflage, Stuttgart und Göttingen 1957

Ekberzade, Bikem: *Standing Rock – Greed, Oil and the Lakota's Struggle for Justice*, London 2018

Emerson, Ralph Waldo: *Natur*, Schaffhausen 1981

George-Kanentiio, Doug: *Iroquois Culture & Commentary*, New Mexico 2000

Goethe, Johann Wolfgang: *Werke. Hamburger Ausgabe in 14 Bänden*, München 1981

Goethe, Johann Wolfgang: *Metamorphose der Pflanzen*, Stuttgart 1977

Hammarskjöld, Dag: *Zeichen am Weg*, München 1976

Harman, Willis: *Global Mind Change*, Indianapolis 1988

Heimrath, Johannes: *Die Postkollaps-Gesellschaft*, Berlin und München 2012

Herschel, Wilhelm: Über den Bau des Himmels. Abhandlungen über die Struktur des Universums und die Entwicklung der Himmelskörper 1784–1814, Hrsg. von Jürgen Hamel, Frankfurt a. M. 2001

Hesse, Mary B.: *Analogy and Confirmation Theory*, in: *Philosophy of Science*, vol. 31, no. 4, 1964, Quelle: www.jstor.org/stable/186262

Hesse, Mary B.: *Operational Definition and Analogy in Physical Theories*, British Journal for the Philosophy of Science, Oxford 1952

Hoerner, Wilhelm: *Zeit und Rhythmus*, Stuttgart 1978
Hüther, Gerald: *Selbstorganisation sozialer Systeme*, in: Hornemann, Bories; Steuernagel, Armin (Hg.): *Sozialrevolution*, Frankfurt 2017
Kipp, Friedrich A.: *Die Evolution des Menschen*, Stuttgart 1991
Kniebe, Georg (Hg.): *Was ist Zeit?*, Stuttgart 2000
Koestler, Arthur: *The Act of Creation*, New York 1964
Kovce, Philip: *Die Aufhebung des Menschen*, in: Hornemann, Bories; Steuernagel, Armin (Hg.): *Sozialrevolution*, Frankfurt 2017
Kranich, Ernst Michael: *Die Formensprache der Pflanzen*, Stuttgart 1976
Krause, Peter: *Arm und Reich – Die Spaltung von Welt und Leben*, Flensburg 2014
Krause, Peter: *Bernard Lietaer – Leben und Werk*, Band I, Berlin 2020
Krause, Peter: *Genug – Das Maß des Menschen und das Maß des Lebens*, Flensburg 2016
Krause, Peter: *Leben in der Todesnähe*, Frankfurt a.M. 2019
Krause, Peter: *»Wenn ich tanze bete ich zum Adler«*, in: *Tierkommunikation*, S. 115-128, Flensburg 2015
Kükelhaus, Hugo: *Organismus und Technik*, Frankfurt a.M. 1979
Lauenstein, Diether: *Das Alte Testament*, Stuttgart 1990
Lietaer, Bernard; Bindewald, Leander: »Der blinde Fleck der globalen Krisen«, in: *Ende oder Neubeginn*, Flensburg 2011
Louv, Richard: *Das Prinzip Natur*, Weinheim und Basel 2012
Maathai, Wangari: *You Strike The Woman*, Quelle: http://www.context.org/ICLIB/IC28/Sears.htm by Priscilla Sears; published in the quarterly »In Context 28«, Spring 1991
Meadows, Donella und Dennis et al.: *Die Grenzen des Wachstums*, Stuttgart 1987
Meyer-Abich, Klaus Michael: *Aufstand für die Natur*, München und Wien 1990
Meyer-Abich, Klaus Michael: *Wege zum Frieden mit der Natur*, München und Wien 1984
Mögle-Stadel, Stephan: *Dag Hammarskjöld – Vision einer Menschheitsethik*, Heidenheim 2006
Mumford, Lewis: *Mythos der Maschine. Kultur, Technik und Macht*, Europa-Verlag, Wien 1974
Panikkar, Raimon: *Rückkehr zum Mythos*, Frankfurt am Main und Leipzig 1992
Peat, Frederick David: *Der Stein der Weisen*, Hamburg 1992
Reulecke, Jürgen et al.: *Generationalität und Lebensgeschichte im 20. Jahrhundert*, München 2003
Russell, Peter: *Die erwachende Erde*, München 1985
Schad, Wolfgang: *Das Denken, ein Schlüssel zum Ätherischen*, in: Bockemühl, Jochen et al.: *Erscheinungsformen des Ätherischen*, Stuttgart 1977
Scheidler, Fabian: *Das Ende der Megamaschine*, Wien 2015
Schubert, Gotthilf Heinrich: *Die Geschichte der Seele*, Hildesheim 1961

Steiner, Rudolf: *Inneres Wesen des Menschen und Leben zwischen Tod und neuer Geburt*, Dornach 1978

Steiner, Rudolf: *Lucifer-Gnosis*, Dornach 1987

Templeton, John; Herrmann, Robert L.: *Is God the Only Reality*, West Conshohocken 1994

Thoreau, Henry David: *Walden – Ein Leben mit der Natur*, München 1999

Turner, Mark; Fauconnier, Gilles: *The Way We Think. Conceptual Blending and the Mind's Hidden Complexities*. New York 2002

Weisbrod, Bernd: *Generation und Generationalität in der Neueren Geschichte*, bpb.de 2005, Quelle: https://www.bpb.de/apuz/29215/generation-und-generationalitaet-in-der-neueren-geschichte

Wilber, Ken: *Naturwissenschaft und Religion*, Frankfurt am Main 2010

Wulf, Andrea: *Alexander von Humboldt*, München 2016

Stichwortverzeichnis

Der Mensch wird die Erde nicht retten…
aber vielleicht die Erde den Menschen

In ihrer Rückschau in die Menschheitsgeschichte, durch ihre Fragen, was Geist, Gehirn und Denken eigentlich sind, und in ihrer Betrachtung der Lebensstufen des Menschen legt Dolores LaChapelle überzeugend dar, dass nur-menschliches Wissen allein nicht ausreicht, um ein globales ökologisches Gleichgewicht zu erreichen.

Dolores LaChapelle
Weisheit der Erde
Von der Erde lernen heißt leben lernen
Paperback, 384 Seiten, mit 25 s/w-Fotos
ISBN 978-3-89060-610-1

Die Wildnis als Spiegel unserer Seele

Dieses Buch ist eine Einladung, die wilden Landschaften der Erde kennenzulernen, um uns selbst darin wiederzufinden: unser wahrhaftiges und tiefes, unser wildes und freies Selbst. Denn die Landschaften und ihre Attribute finden sich in uns: die Stille der Wüste, die Weisheit der Wälder, die Sehnsucht der Flüsse und Meere, die Festigkeit der Berge oder die Sinnlichkeit der Graslande. Unsere Seele ist der Erde entsprungen, und wir müssen sie wieder mit ihr verbinden, wenn wir ganz und heil sein wollen. Dazu ist dieses Buch ein faszinierender Reiseführer.

Mary Reynolds Thompson
Der Ruf der wilden Seele
Wie uns die Landschaften der Erde unsere Ganzheit zurückgeben
Paperback, 224 Seiten
ISBN 978-3-89060-729-0

Die Lebensprozesse eines gesunden Planeten

Nur die eine Erde erklärt die planetarischen Lebenserhaltungssysteme in ihrer Ganzheit, bietet eine umfassende Gesamtdarstellung der globalen ökologischen Krise und zeigt die uns verbleibenden Optionen auf, um ein zuträgliches Klima und die noch vorhandene Artenvielfalt zu retten, die Verseuchung zu beenden und die Ökosphäre dieses Planeten zu heilen.

Auch das Gleichgewicht der menschlichen Gesundheit können wir nicht vom Gleichgewicht des Planeten trennen, denn »die Gesundheit des Menschen beruht auf der Gesundheit des Planeten«. Diese Erkenntnis setzt sich immer mehr durch: bei der UN, der WHO und in den kritischen Medien. Es ist nicht nur unsere Gesundheit, die zusehends schwindet (und das nicht erst seit der Corona-Krise), sondern das ganze Netz der Lebenserhaltungssysteme der Erde.

Fred Hageneder
Nur die eine Erde
Globaler Zusammenbruch oder globale Heilung – unsere Wahl
Klappenbroschur, 376 Seiten
ISBN 978-3-89060-796-2

Das ganze Leben der Bäume

Dieses Buch bietet eine kompakte Übersicht über Biologie und Ökologie der Bäume und viele wenig bekannte Tatsachen über die Bedeutung der Wälder für den Planeten. Es führt uns in das Innere der Bäume, die faszinierende Welt der Zellen und Moleküle, erklärt die elektromagnetischen Kraftfelder und wie Bäume mit Hilfe von Licht kommunizieren. In zweiten Teil geht es um die tiefe kulturelle Verbindung des Menschen mit den Bäumen von der Steinzeit bis heute (»die uralte Freundschaft von Baum und Mensch«), und im dritten Teil werden die wichtigsten heimischen Bäume in ausführlichen Porträts vorgestellt.

Dieses Buch ist das maßgebliche Standardwerk, das zeigt, welche Bedeutung den Bäumen nicht nur für das globale Klima, sondern auch für Leib und Seele von uns allen zukommt.

Fred Hageneder
Der Geist der Bäume
Eine ganzheitliche Sicht ihres unerkannten Wesens
Hardcover, 416 Seiten, 238 teils farbige Abbildungen
ISBN 978-3-89060-632-3

Von der Ausplünderung zur Regeneration

Wenn wir von der Substanz leben, wirtschaften wir dann gut? – Natürlich nicht: Richtiges Wirtschaften bedeutet Haushalten. Unser heutiges »Wirtschaftssystem« zehrt allerdings von der Substanz, nimmt ständig aus dem Vorrat der Natur, ohne etwas zurückzuführen. Vandana Shiva nimmt in diesem Buch kein Blatt vor den Mund. Sie erklärt, dass die heutige Art der Wirtschaft gar keine echte Wirtschaft sei, sondern gefährliche Geldmacherei.

Wieder zu einer wahren Wirtschaft zurückzufinden, zu einem haushälterischen Umgang mit den Gaben der Natur, ist zu einem Imperativ für unser Überleben geworden. Diese Streitschrift klagt an, zeigt die tieferen Ursachen auf, entlarvt die zugrundeliegenden irrigen Weltbilder und weist Wege in eine tragfähige Zukunft, die auf wahrer Wirtschaft, beruht.

Vandana Shiva
Wahre Wirtschaft
Von der Geldgier zu einer Ökonomie der Fürsorge
Hardcover, 304 Seiten
ISBN 978-3-89060-820-4

Erinnerungen einer der großen Aktivistinnen unserer Zeit

Seit mehr als 35 Jahren ist Vandana Shiva eine der wichtigen Stimmen in der Welt, wenn es darum geht, kleinbäuerliche Betriebe und damit die Ernährungssouveränität zu erhalten, das Saatgut vor der Vereinnahmung durch Konzerne zu bewahren und die Rechte der Frauen ebenso zu verteidigen wie die unveräußerlichen Rechte der Erdgemeinschaft aller Lebewesen. In diesem Buch beschreibt sie ihren Weg von der Quantenphysik und ihren »Professorinnen«, die sie die Ökologie lehrten – die Frauen der Chipko-Bewegung zur Bewahrung ihrer Wälder – an die vorderste Front im Kampf gegen die Übermacht des großen Geldes.

Vandana Shiva
TERRA VIVA
Mein Leben für eine lebendige Erde
Hardcover, 240 Seiten
ISBN 978-3-89060-829-7

Einssein versus das 1%

In diesem klug auf Fakten aufgebauten Buch zeigt Vandana Shiva, wie eine kleine Gruppe superreicher Einzelpersonen, Stiftungen und Investmentfirmen die Kontrolle über unsere Lebensmittelversorgung, unser Informationssystem, unser Gesundheitswesen und unsere Demokratien immer weiter ausbaut. Die Autorin macht sehr deutlich, dass unser Überleben von der Vielfalt unseres Saatgutes und dass unsere Demokratien von einer aufgeklärten Öffentlichkeit abhängen. Es ist ein sehr leidenschaftlicher, weiblicher wissenschaftlicher Diskurs, der eine globale Leserschaft verdient.

Vandana Shiva, Kartikey Shiva
Eine Erde für alle! – Einssein versus das 1 %
Aufstehen gegen die Monokultur von
Wirtschaft und Weltsicht
Klappenbroschur, 192 Seiten
ISBN 978-3-89060-797-9

Agrarökologie versus Agrarindustrie

In dieser Abrechnung der Wissenschaftlerin und Aktivistin Vandana Shiva wird eindrucksvoll dargelegt, wie die Agrargroßindustrie mit Chemie und Gentechnik den Planeten plündert, die Lebenswelt zerstört und unsere Gesundheit untergräbt. Und sie zeigt faktenreich und sachkundig auf, wer wirklich unsere Nahrungsgrundlage sicherstellt und wie wir den Hunger besiegen und unsere Nahrungssicherheit wiederherstellen können.

Vandana Shiva
Wer ernährt die Welt wirklich?
Das Versagen der Agrarindustrie und die
notwendige Wende zur Agrarökologie
Mit einer aktuellen Ergänzung zu Ag One:
Die Rekolonialisierung der Landwirtschaft
Klappenbroschur, 256 Seiten
ISBN 978-3-89060-798-6

Hier kann man sich zum **Neue Erde-Newsletter** anmelden:
newsletter.neueerde.de/anmeldung

NEUE ERDE im Buchhandel

Neue Erde ist ein kleiner unabhängiger Verlag, und der unabhängige Buchhandel ist unser natürlicher Partner. Wir unterstützen die Initiative »buy local«.

Sollte es Lieferschwierigkeiten bei den Büchern von NEUE ERDE geben, lassen Sie immer im VLB (Verzeichnis lieferbarer Bücher) nachsehen, im Internet unter **www.buchhandel.de**

Alle lieferbaren Titel des Verlags sind für den Buchhandel verfügbar.

Sie finden unsere Bücher auch auf unserer Homepage **www.neue-erde.de** oder in unserem Gesamtverzeichnis, welches Sie gerne hier anfordern können:

NEUE ERDE GmbH
Cecilienstr. 29 · 66111 Saarbrücken
info@neue-erde.de

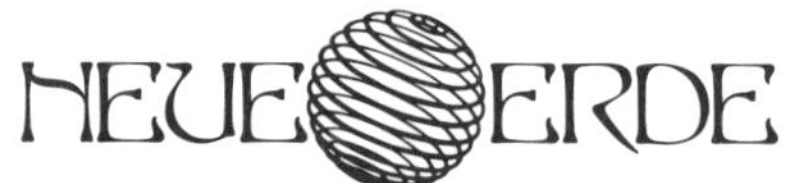